LA DÉCORATION FLORALE À LA MAISON

La décoration florale à la maison

Compositions originales réalisées avec des fleurs, des feuilles et autres végétaux

Terence Moore
Photographies de Michelle Garrett

Traduction de Ghislaine Tamisier-Roux

Manise

Pour Suzy

Edition originale 1995 par Lorenz Books,
sous le titre *Country Designs from Nature*

ISBN : 2-84198-070-7

Editeur : Joanna Lorenz, François Morizot
Responsable du projet : Joanne Rippin
Maquettiste : Lisa Tai
Imprimé à Hong Kong

Sommaire

Introduction

J'ai créé pour cet ouvrage toute une gamme de décors inhabituels, différents des éternels bouquets de fleurs séchées, souvent essentiellement composés d'herbacées. En effet, on trouve maintenant dans les magasins spécialisés tout un choix de matériaux de très bonne qualité. Par ailleurs, les jardins et les campagnes constituent une mine inépuisable pour créer des arrangements très colorés.

J'ai utilisé dans ce livre mes matériaux préférés. Ce ne sont pas nécessairement des fleurs : j'aime beaucoup les champignons, les pommes de pin, les fruits secs, les oranges séchées, les grenades et les feuillages. En associant le fruit de ses promenades à quelques éléments achetés dans le commerce, il est possible de réaliser à moindres frais de superbes décorations naturelles. Le prix assez élevé des compositions toutes faites s'explique par le temps et le talent que nécessite leur fabrication.

Nous avons rassemblé ici des compositions convenant pour divers lieux, réalisées tantôt à partir de végétaux secs uniquement, tantôt en mélangeant matériaux secs et frais. Si vous êtes novice, vous trouverez toute une gamme de petits projets pour faire vos premières armes. Vous apprendrez ainsi différentes techniques qui vous permettront ensuite de passer à des réalisations plus complexes. Sinon, j'espère que vous trouverez les projets à la fois intéressants et plaisants à réaliser.

La liste des fournitures est surtout là pour vous guider : si vous avez du mal à trouver un élément particulier, ou si vous souhaitez réaliser une composition d'une couleur différente, n'hésitez pas à changer de matériaux. Faites confiance à votre imagination, vous serez bientôt capable de concevoir et de fabriquer vos propres projets, parfaitetable de votre terrasse, à côté de la nourriture et du vin, garnis de mousse et de bougies par une belle soirée d'été. Vous pouvez bien sûr utiliser des pots en faïence, porcelaine ou autre, en fonction du cadre. De même, les récipients en verre font aussi de bonnes bases pour une composition végétale, mais la préparation varie légèrement. Dans ce cas, coupez le bloc de mousse plus petit que l'intérieur du récipient et garnissez l'espace entre la mousse et les parois de mousse naturelle ou de pot pourri pour cacher la mousse synthétique. Lorsque vous utilisez un pot en porcelaine ou en verre, n'y faites pas entrer la mousse en force pour ne pas le casser. Travaillez toujours sur une surface antidérapante : une fine éponge humide placée sous le pot fera l'affaire et empêchera la base du récipient de glisser.

Fournitures :
bloc de mousse synthétique sèche de fleuriste
pot de fleurs en terre
paille ou mousse végétale (sphaigne)

Outils :
couteau
pistolet à colle (facultatif)

1 Posez le bloc de mousse près du pot et découpez-le pour lui donner la même forme. Retirez graduellement de petits morceaux de façon à obtenir un bloc un peu plus grand que le diamètre intérieur du pot.

2 Enfoncez fermement le bloc dans le pot jusqu'au fond. Si le bloc est trop gros, c'est le moment de le réduire encore un peu pour qu'il épouse parfaitement la forme du pot.

3 Comblez l'espace restant entre la mousse et les bords du pot avec de la paille ou de la sphaigne pour maintenir le bloc bien en place. Vous pouvez aussi mettre un peu de colle sur le pot et le bloc de mousse pour fixer le tout de manière définitive.

4 Coupez maintenant le bloc de mousse à la bonne hauteur, en fonction de la composition que vous allez réaliser. Si la mousse doit arriver au ras du pot, servez-vous du bord de ce dernier pour guider la lame de votre couteau, après avoir éliminé tout excédent de paille ou de sphaigne.

PANIERS GARNIS DE MOUSSE SYNTHÉTIQUE

Ce sont sans conteste les paniers qui offrent la plus grande variété de récipients bon marché pour les arrangements floraux. Lorsque vous en choisissez un, assurez-vous qu'il est stable une fois posé sur une surface plane. Sinon, égalisez le fond sans l'abîmer en coupant un brin, mais ne laissez pas de bord coupant qui endommagerait la surface sur laquelle vous le poserez. Si la taille et la couleur de votre vannerie vous conviennent, mais que la forme est irrégulière, rassurez-vous : le bloc de mousse permet souvent de corriger la forme dans la mesure où il épouse parfaitement celle du panier.

Adaptez les paniers à votre composition : vanneries à gros brins, parfaites pour l'hiver, à marier avec pommes de pin, fruits secs et autres éléments ligneux ; paniers légers pour le printemps et l'été, surtout s'ils doivent être posés sur une nappe en tissu. Si le tressage est lâche, comblez l'espace entre la vannerie et la mousse avec de la sphaigne.

Les paniers anciens font des récipients plus inhabituels, mais il convient de les manier avec précaution car les matériaux tressés se sont desséchés et sont donc plus cassants. Il est possible de modifier l'aspect d'une vannerie bon marché ou défraîchie, soit en la peignant avec un aérosol, soit en la garnissant de sphaigne, de paille ou d'un mélange des deux.

Tout au long de cet ouvrage, vous trouverez des compositions réalisées dans des paniers, et certaines règles sont valables pour toutes. Veillez à ce que le bloc de mousse tienne fermement dans la vannerie ; si vous l'avez coupé trop petit, comblez l'espace vide avec de la paille ou de la mousse pour que la composition une fois terminée ne risque pas de tomber du panier. N'ayez pas peur d'utiliser une vannerie munie d'une anse. Vous pourrez éventuellement la retirer avec un sécateur.

Fournitures :
mousse synthétique sèche de fleuriste
panier
tiges de fil de fer

Outils :
couteau
pince

1 Mettez le bloc de mousse à côté du panier et recoupez-le de façon à lui donner à peu près la même forme. Si le panier est grand, ou d'une forme inhabituelle, il vous faudra peut-être plusieurs blocs.

2 Enfoncez la mousse dans le panier. Si elle est un peu trop grande, recoupez-la un peu. Mais elle ne doit pas sortir facilement de la vannerie. Selon la taille et la forme du panier, recoupez la mousse en suivant les bords de la vannerie. Maintes compositions sont garnies de sphaigne tout autour du panier. La mousse synthétique doit donc épouser la forme de la vannerie du mieux possible pour que l'on puisse fixer la sphaigne en de nombreux points.

3 Glissez une tige de fil de fer à travers la vannerie sur le dessus du bloc de mousse. Repliez les extrémités et torsadez-les autour de la tige tendue : la mousse ne tombera pas du panier. Cette opération est inutile si le bloc est entré en force dans la vannerie et tient bien.

SUPPORT EN CUIVRE POUR COURONNE

Solides et bon marché, les supports circulaires en cuivre sont parfaits pour maintes compositions végétales, notamment les couronnes. Il en existe plusieurs tailles, de 30 à 60 cm de diamètre environ. Les anneaux métalliques sont garnis de sphaigne ou de paille, ce qui constitue une bonne base pour planter ensuite d'autres matériaux. Attention cependant à ne pas ajouter trop de mousse ou de paille, car cela augmente la surface à couvrir. Vous trouverez dans cet ouvrage plusieurs projets de bougeoirs réalisés à partir de ce type de support. Si la méthode de base pour garnir l'anneau est la même, chaque projet présente néanmoins de légères variations.

Il vous faudra une assez grande quantité de végétaux pour garnir le plus petit des supports. En règle générale, comptez 6 à 8 bouquets pour couvrir un anneau de 30-35 cm de diamètre. Une fois tous les bouquets coupés à la bonne taille et les chutes jetées, divisez les matériaux en quatre piles égales, et utilisez-en une pour chaque quart de cercle. Vous vous rendrez ainsi vite compte si vous avez assez de matériaux pour terminer le projet ou non, et il est beaucoup plus facile de refaire un quart de cercle que de s'apercevoir après en avoir garni les trois quarts que l'on vient d'utiliser le dernier élément.

Pour fixer les matériaux avec du fil de fer en bobine, il convient de respecter quelques règles de base, dont certaines qui valent également pour la confection de guirlandes.

Fournitures :
bobine de fil de fer de fleuriste
support circulaire en cuivre
mousse (sphaigne)

Outils :
sécateur

Attachez solidement la bobine de fil de fer à l'un des montants en cuivre de la couronne. Prenez une bonne poignée de sphaigne et placez-la de façon à couvrir à la fois le haut et le bas de l'anneau d'une couche régulière. Enroulez le fil de fer autour de la mousse pour la maintenir en place. Ainsi tout autour de la couronne jusqu'à ce qu'elle soit entièrement garnie.

POUR FIXER DES MATÉRIAUX AVEC DU FIL DE FER EN BOBINE

- Commencez toujours par préparer les fournitures : triez les végétaux, jetez les chutes et formez des tas bien séparés pour chaque variété.
- Posez les matériaux sur la couronne sans les fixer pour avoir une idée générale de la composition.
- Comblez les espaces vides entre les bords intérieur et extérieur de la couronne. Attention, il est très facile de continuer à ajouter des végétaux sur le bord supérieur du support et d'oublier de garnir les autres côtés.
- Insérez les matériaux en zigzag tout autour de la couronne, en n'oubliant pas d'utiliser toutes les variétés.
- Fixez toujours les matériaux à la base des tiges et jamais côté fleur. Le fait de les attacher trop haut sur la tige donne une composition très plate. Retenez qu'il faut toujours pouvoir glisser ses doigts entre les végétaux et le support métallique.
- Suspendez souvent la couronne en cours de réalisation, et reculez de quelques pas pour vérifier que les matériaux sont uniformément répartis et bien espacés.

BASE DE TOPIAIRE

Confectionner une topiaire ou petit arbre apparaît souvent comme une tâche ardue qui présente plusieurs obstacles. Avant de vous lancer dans un projet de ce type, lisez attentivement toute la marche à suivre pour obtenir un résultat satisfaisant. Plus encore que les autres compositions végétales, la confection d'une topiaire nécessite un bon sens de l'équilibre et des formes.

Choisissez le récipient soigneusement, car c'est lui qui dictera la forme et la taille de la topiaire. À titre indicatif, le diamètre de l'élément floral, c'est-à-dire de la boule de fleurs ou de tout matériau de votre choix, devra être un tiers plus grand environ que le diamètre supérieur du récipient. Par ailleurs, le pot, le tronc et la sphère florale doivent chacun représenter un tiers de la hauteur totale de la composition. On enfreint toutefois souvent ces règles générales pour résoudre un problème particulier. C'est aussi une question de goût : peut-être préférez-vous un tronc très court avec une grosse sphère florale et un grand récipient. Quoi qu'il en soit, il est essentiel de choisir avant toute chose l'allure générale de sa topiaire. C'est d'autant plus important si vous voulez en réaliser une paire : seul un équilibre parfait donnera un bon résultat. Confectionnez les deux en même temps et choisissez si possible des matériaux identiques. Optez enfin pour des troncs plutôt gros, qui donnent davantage de stabilité au projet fini.

Si vous utilisez un pot fragile ou très grand, fixez d'abord le tronc dans un récipient en plastique que vous placerez ensuite dans le pot sans risquer de le casser. Cette technique présente en outre l'avantage de pouvoir facilement changer de pot.

La base de la partie florale n'est pas nécessairement une boule de mousse synthétique : il est possible de fixer une sphère en grillage à poule et mousse végétale au sommet d'un tronc à l'aide d'une agrafeuse.

Pour réaliser une topiaire, prévoyez des bouquets de végétaux bien faits, aux tiges correctement montées, de façon à pouvoir planter une grande quantité de matériaux dans une surface de mousse assez réduite. Cette opération est la principale cause d'échec, alors soyez vigilant.

Si vous travaillez avec un seul type de végétaux, ajoutez les bouquets en les juxtaposant. Ne plantez jamais un bouquet au milieu d'un espace vide parce que le remplissage n'en sera que plus difficile. Si vous utilisez plusieurs matériaux, plantez 8 à 10 bouquets de la première variété de façon aléatoire, puis

À gauche : *il est bien plus facile d'utiliser une seule variété de végétaux pour réaliser une topiaire, et le résultat n'en est pas moins saisissant.*

plantez la deuxième variété à côté de la première, et ainsi de suite. Là encore, ne plantez jamais un bouquet au milieu d'un espace vide.

Une fois le projet terminé, réfléchissez à son emplacement. Deux petits arbres posés sur un meuble long contre un mur donneront à la pièce un air formel et élégant, surtout si vous disposez quelques beaux objets autour d'eux. Une paire de topiaires est du meilleur effet sur le manteau d'une cheminée. Si le foyer est ouvert, choisissez des matériaux qui résistent à la chaleur du feu et soient faciles à nettoyer. Evitez les fleurs délicates. N'oubliez pas de tourner les topiaires régulièrement pour qu'elles fanent de façon uniforme, et, comme pour toutes les fleurs séchées, évitez le plein soleil. Le soleil et l'humidité sont en effet leurs pires ennemis.

Fournitures :
récipient
pâte à modeler plastique durcissant à l'air
tronc ou branche d'arbre
mousse synthétique sèche de fleuriste
boule de mousse synthétique sèche
colle

1 *Remplissez le fond du pot avec une couche de pâte à modeler d'environ 2,5 cm (1 po.) d'épaisseur.*

2 *Enfoncez le tronc dans la pâte à modeler au centre du pot. S'il est bien centré, il peut ne pas être parfaitement vertical.*

3 *Façonnez des boudins en pâte à modeler et entourez-en la base du tronc. Appuyez bien pour les fixer et combler l'espace entre les parois du pot et le tronc. Répétez l'opération jusqu'à ce que le pot soit rempli à moitié. Laissez durcir la pâte à modeler, ce qui peut prendre plusieurs heures, voire plusieurs jours selon la température et l'humidité ambiantes et la taille du pot. Une fois durcie, il est facile de retirer la base en pâte du pot. Avant de poursuivre votre projet, remplissez la seconde moitié du pot en glissant des morceaux de mousse synthétique tout autour du tronc.*

4 *Le plus simple pour fixer l'élément floral au tronc consiste à utiliser une boule de mousse sèche de fleuriste. Plantez-la fermement sur l'extrémité supérieure du tronc, puis retirez-la. Soufflez pour éliminer les particules de mousse du sommet du tronc et du trou pratiqué dans la boule. Mettez un point de colle à l'extrémité du tronc et remettez la boule de mousse en place.*

GUIRLANDE EN GRILLAGE À POULE

Voici la méthode utilisée pour la plupart des guirlandes proposées dans cet ouvrage, ainsi que pour le miroir et le cadre à photos. C'est une technique très pratique pour obtenir une surface de décor assez grande.

Fournitures :
grillage à poule
mousse (sphaigne)
tiges de fil de fer courtes

Outils :
sécateur
pince

1 Coupez soigneusement le grillage à poule à la taille désirée et repliez les bords coupants. Pour un cadre à photos, vous réaliserez quatre guirlandes, une pour chaque côté du cadre.

2 Posez une couche de sphaigne aussi régulière que possible au centre du grillage, sur toute la longueur.

3 Repliez les bords du grillage l'un sur l'autre de façon à obtenir une sorte de boudin, et assemblez-les avec de courtes tiges de fil de fer. Ajoutez ou retirez un peu de mousse pour que le boudin soit le plus régulier possible.

4 Si vous souhaitez suspendre la guirlande une fois celle-ci terminée, confectionnez un ou deux crochets en fil de fer. Il suffit de piquer une tige dans le grillage et d'en torsader les extrémités de façon à obtenir une boucle.

QUELQUES TRUCS POUR LES GUIRLANDES DE FLEURS

- Utilisez une variété de fleurs après l'autre, en travaillant sur toute la longueur de la guirlande, de façon à bien répartir les éléments.
- Entrecroisez les bouquets de façon que l'on puisse regarder la guirlande sous n'importe quel angle et la suspendre de n'importe quelle façon sans que sa structure apparaisse.
- Repliez les extrémités des tiges en fil de fer dans la base de la guirlande pour ne pas rayer son support, ou bien recouvrez le dos de la guirlande de plastique avant de commencer à en garnir le devant.
- Vérifiez que les matériaux couvrent toute la surface de la guirlande et pas seulement le dessus. Reculez de temps en temps de quelques pas pour examiner s'il n'y a pas de trou.
- Vous pouvez fixer les végétaux avec des tiges en fil de fer ou avec de la colle, ou bien les deux. Cependant, il est facile de changer de place un élément mis en tige, alors que le collage est définitif.
- Une fois la guirlande terminée, vérifiez que tout est bien fixé, et consolidez les éléments qui tiennent mal à l'aide d'un pistolet à colle.
- Une guirlande très lourde aura tendance à bâiller et à laisser voir sa structure. Pour y remédier, fixez-la en quelques points répartis sur sa longueur.

LA MISE EN TIGE DES FLEURS ET AUTRES VÉGÉTAUX

C'est de toute évidence la technique essentielle pour pouvoir manipuler des fleurs séchées. Si vos fleurs sont mal montées, vous ne pourrez en effet pas les piquer facilement sur une petite surface de mousse, et elles finiront ensuite par se détacher du support. Prenez donc le temps qu'il faut pour apprendre à la maîtriser parfaitement. Chaque bouquet doit absolument être net et bien mis en tige, et ses éléments maintenus fermement en place. Entraînez-vous avec les extrémités de quelques tiges de fleurs fraîches que vous venez de recouper, jusqu'à ce que vous obteniez un petit bouquet parfait. Cela vous évitera de gaspiller des fleurs et cette opération un peu fastidieuse portera ses fruits à long terme.

Fournitures :
fleurs séchées
tiges de fil de fer

Outils :
pince

1 Prenez 4 à 6 fleurs et coupez leurs tiges à la longueur souhaitée. Tenez-les fermement d'une main et glissez le fil de fer derrière, à angle droit. La petite partie de la tige en fil de fer doit dépasser des tiges de fleurs de 3 cm environ.

2 Maintenez les tiges de fleurs et le fil de fer ensemble entre le pouce et l'index d'une main. Repliez la longue partie de la tige en fil de fer vers vous, faites-la passer autour des fleurs puis repliez-la sur le dos du bouquet.

3 Maintenez toujours les végétaux et le fil de fer, ramenez la petite partie de la tige en fil de fer le long des tiges des fleurs. Entourez les fleurs 3 à 4 fois avec la longue partie de la tige en fil de fer, en diagonale, pour les maintenir en un lien ferme, mais pas serré au point de couper les tiges des fleurs.

MONTER UNE BOUGIE SUR DES TIGES DE FIL DE FER

Il est très facile de fixer une bougie dans de la mousse synthétique si elle est montée sur de courtes tiges en fil de fer recourbées, et il est ensuite enfantin de retirer la bougie une fois celle-ci terminée. Toutefois, les bougies très fines brûlent trop vite pour que ce travail vaille la peine.

Il peut être très dangereux de juxtaposer bougies et fleurs séchées. Aussi, ne laissez jamais un décor comportant une bougie allumée sans surveillance. Lors de la réalisation de la composition, arrangez-vous toujours pour placer les végétaux séchés le plus loin possible de la bougie. Préférez les grosses bougies de bonne qualité, qui brûlent lentement, et pensez à les éteindre avant qu'elles n'atteignent la base de la composition. Vous trouverez chez les bons fleuristes des retardateurs de flamme en aérosol. Vaporisez-en sur votre projet une fois celui-ci terminé pour limiter les risques.

Fournitures :
- ruban adhésif de fleuriste
- bougie
- tiges courtes ou épingles en fil de fer

Outils :
- ciseaux

1 Entourez la base de la bougie de ruban adhésif en faisant au moins un tour et tirez fermement pour que le ruban adhère bien à la bougie.

2 Glissez une épingle double en fil de fer ou une tige courte recourbée sous l'extrémité libre du ruban et couvrez le sommet de la boucle avec le ruban, en tirant bien sur l'adhésif pour que l'épingle soit bien fixée.

3 Renouvelez l'opération trois fois pour une petite bougie et six pour une grosse. Collez un dernier tour de ruban autour de la bougie, puis coupez le ruban. Vous pouvez aussi fixer une bougie à l'aide d'un pistolet à colle.

RECOUVRIR UN CADRE AVEC DE LA MOUSSE

Pour ce projet, il vous faut un cadre en bois assez massif pour que vis et crochets tiennent bien. L'idéal est en fait une structure toute simple en bois blanc, mais il est aussi possible d'utiliser des cadres anciens. Evitez toutefois ceux qui ont de grosses moulures car celles-ci sont souvent en plâtre, ce qui rend la tâche plus difficile.

Fournitures :
grillage à poule
mousse végétale (sphaigne)
tiges courtes de fil de fer
cadre à photo en bois
vis à bois et colle, si nécessaire
miroir
fil de fer
crochets
carton ou Isorel®
papier essuie-tout

Outils :
sécateur
pince
agrafeuse
poinçon

1 Si le cadre est un peu branlant, consolidez-le avec des vis à bois et de la colle. De toute façon, une fois le cadre couvert de mousse et de grillage à poule, cela ne se verra plus. Confectionnez quatre guirlandes en grillage à poule pour couvrir les côtés du cadre. Placez-en une autour de l'un des côtés du cadre.

2 Vérifiez que la guirlande est assez longue, puis agrafez-la sur le cadre, de façon que chaque agrafe coince un morceau de grillage. Tenez bien le cadre à chaque fois que vous enfoncez une agrafe, c'est-à-dire tous les 5 à 8 cm.

Pour terminer le projet : une fois le grillage à poule et la mousse bien en place, retournez le cadre et ajoutez le miroir, puis les crochets pour suspendre le tout. Sachez qu'un cadre, même petit et sans décor végétal, est toujours assez lourd, aussi veillez à ce que les crochets tiennent bien. Passez un fil de fer solide dans les crochets pour suspendre le cadre, puis protégez le dos du miroir en fixant un morceau de carton ou d'Isorel® pour ne pas abîmer l'argenture. Nettoyez bien le miroir, car ce sera plus difficile une fois le décor végétal en place. Couvrez ensuite le miroir avec de l'essuie-tout pour protéger la surface pendant que vous ajouterez les fleurs sur la mousse. Une fois le décor terminé, retirez le papier et soufflez pour éliminer les débris.

GARNIR UN PANIER AVEC DE LA MOUSSE ET DU GRILLAGE À POULE

Pour préparer le support d'une composition, il est possible de remplacer les blocs de mousse synthétique par de la mousse végétale. C'est plus économique, et donc appréciable pour les gros volumes. Cependant, les petits bouquets de fleurs tiennent moins bien dans la mousse végétale, et ce type de support ne peut être renversé la tête en bas.

Si le panier est très grand, il n'est pas indispensable d'utiliser de la mousse : vous pouvez vous contenter de le combler avec du grillage à poule. Cette méthode permet aussi de confectionner la base de l'élément floral d'une topiaire. Veillez seulement à lui donner la forme la plus ronde possible.

Fournitures :
grillage à poule à grosses mailles
panier
sphaigne
tiges de fil de fer

Outils :
sécateur
pince

1 Découpez un carré de grillage à poule mesurant deux fois la surface de l'ouverture du panier. Posez au centre de ce carré un peu plus que la quantité de mousse nécessaire pour remplir le panier. Repliez les quatre coins du grillage et formez une boule.

2 Enfoncez la boule dans le panier, la partie ouverte avec les quatre coins repliés dessous. Avec des tiges de fil de fer, attachez le grillage au bord du panier tous les 10 cm environ.

BASE DE DÉCOR FLORAL EN MOUSSE VÉGÉTALE

- Prenez toujours de la sphaigne pour couvrir et garnir les bases de vos compositions ; cette mousse est moins chère que les autres variétés et plus facile à utiliser lorsque l'on y pique des tiges de fil de fer.
- La mousse est souvent assez mouillée lorsqu'on l'achète. Laissez-la sécher en la sortant de son emballage avant de commencer votre projet, sinon les autres matériaux risqueraient de pourrir. Lorsque vous avez terminé, laissez sécher la mousse complètement, surtout si vous devez envoyer votre composition par la poste.
- Préparez si possible votre support en grillage à poule et mousse végétale quelques jours à l'avance pour lui laisser le temps de sécher. Il sera plus léger, et donc plus facile à manipuler.
- Protégez le bois ciré de la mousse humide en mettant une feuille de plastique sous la composition.
- Séparez les blocs de mousse compacts car il serait difficile d'y piquer des tiges de fil de fer.

PANIER RECOUVERT DE MOUSSE

Voici la meilleure façon d'utiliser un vieux panier mal en point que l'on se refuse à jeter à la poubelle. Une fois recouverts de mousse, paniers, boîtes en bois et en carton de toutes tailles et formes deviennent d'intéressants récipients pour les compositions végétales. Le principal inconvénient de la mousse, c'est que sa belle couleur verte est très éphémère, à moins de la mettre à l'abri de la lumière directe, notamment celle du soleil.

Avant de commencer à recouvrir l'extérieur du panier ou de la boîte, garnissez l'intérieur avec de la mousse synthétique ou végétale, ou bien du grillage. Cela vous évitera de trop manipuler le revêtement en mousse une fois celui-ci terminé.

Fournitures :
fil de fer de fleuriste en bobine
panier
mousse végétale vert foncé

Outils :
ciseaux
pistolet à colle

1 Attachez le fil de fer en bobine au panier et recouvrez une partie du panier d'une bonne poignée de mousse. Entourez le panier de fil de fer de façon à maintenir cette première poignée de mousse en place. Répétez l'opération jusqu'à ce que la totalité du panier soit recouverte de mousse, en accordant une attention particulière aux coins et aux bords.

2 Attachez le fil de fer sur le bord supérieur du panier et égalisez la mousse avec les ciseaux. Bouchez les trous éventuels en glissant de la mousse sous le fil de fer, ou en la collant au pistolet. Égalisez à nouveau la couverture de mousse.

CORDE RECOUVERTE DE MOUSSE

Voici la base idéale pour une guirlande. Il n'est pas nécessaire que la couche de mousse soit épaisse, car les tiges des autres matériaux donneront du volume à la guirlande. La mousse crée une bonne base solide pour attacher divers végétaux. Ne faites pas une guirlande trop courte : elle doit dans la plupart des cas mesurer 1 m (3 pieds) de long.

Fournitures :
corde
tiges de fil de fer
fil de fer de fleuriste en bobine
sphaigne

Outils :
couteau
pistolet à colle, si nécessaire
pince

1 Coupez la corde à la longueur désirée, en laissant de la marge pour faire une boucle à chaque extrémité. Fermez celles-ci avec du fil de fer, ou collez-les si vous pensez que le décor sera lourd.

2 Attachez du fil de fer en bobine à la corde, recouvrez-la d'une bonne poignée de mousse que vous ficelez avec le fil de fer. Procédez ainsi sur toute la longueur de la corde.

BORDURE DE PANIER EN CORDE ET EN MOUSSE

Vous pouvez garnir la bordure d'un panier avec une guirlande en corde couverte de mousse : il sera alors plus facile d'y fixer d'autres végétaux. Si vous préférez, vous pouvez également confectionner une guirlande en paille. Dans ce cas comme pour les guirlandes en corde et mousse, les autres végétaux doivent être fixés sur la guirlande et non piqués à l'intérieur.

Fournitures :
corde
tiges de fil de fer
bobine de fil de fer de fleuriste
panier

Outils :
couteau
pistolet à colle, si nécessaire
pince

Confectionnez une guirlande en corde et en mousse. Fixez la corde au bord du panier avec des tiges de fil de fer, en piquant les tiges dans la vannerie sous la guirlande. Torsadez les extrémités sur le dessus, recoupez-les et repliez le bout coupant dans la mousse. Répétez l'opération tous les 5 à 8 cm, tout autour du panier.

LA MISE EN TIGE DES POMMES DE PIN

Les compositions florales nécessitent souvent une grande quantité de pommes de pin. Cette méthode efficace fait un peu mal aux mains. Munissez-vous d'une bonne pince, de gants et de crème pour les mains. Si vous avez besoin de bouquets de pommes de pin, torsadez plusieurs tiges de fil de fer ensemble. Lorsqu'on les fixe, il est bon de mettre un point de colle à la base pour bien les tenir en place.

Fournitures :
pommes de pin
tiges de fil de fer

Outils :
pince

1 Passez une tige de fil de fer près de la base de la pomme de pin, entre ses écailles. Essayez de trouver un emplacement qui permette à la tige de glisser sous les écailles.

2 Croisez les deux extrémités de la tige et tirez délicatement sur un bout jusqu'à ce que la tige serre bien la pomme de pin.

3 Torsadez les deux extrémités sur toute la longueur de la tige pour créer un support solide.

BOUQUETS DE VÉGÉTAUX À LIEN CENTRAL

C'est la même méthode que celle que l'on utilise pour les fleurs, mais les matériaux ligneux étant souvent beaucoup plus lourds, les tiges de fil de fer doivent être un peu plus grosses. Cette technique est parfaite pour attacher par exemple des bâtons de cannelle, des brindilles et même de petites branches. Une fois les végétaux en place, mettez un point de colle pour les fixer définitivement. Ce renfort permet d'éviter que les matériaux, même les plus lourds, ne tombent de la composition une fois celle-ci terminée. Laissez bien sécher la colle avant de continuer le projet.

Fournitures :
matériaux à assembler (bâtons de cannelle…)
tiges en fil de fer
ruban, raphia

Outils :
sécateur
pince

1 Coupez les végétaux de la longueur souhaitée. Passez une tige de fil de fer autour du bouquet à mi-longueur. Maintenez le bouquet fermement d'une main tandis que vous repliez la tige de l'autre main.

2 Croisez les deux extrémités et torsadez-les bien serré. Attention de ne pas casser les bâtons ou brindilles sous la pression.

3 Masquez la tige de fil de fer en nouant un ruban, une cordelette ou du raphia autour du bouquet.

BOUQUETS DE FLEURS À LIEN CENTRAL

Encore une technique de base extrêmement utile pour la confection de compositions végétales. Pour réussir un bouquet bien fourni, juxtaposez les tiges en les inclinant légèrement les unes par rapport aux autres, tout en tournant le bouquet. Si vous placez toutes les tiges parallèles entre elles, il vous en faudra beaucoup plus pour obtenir le même effet. Il est beaucoup plus facile de confectionner une guirlande en utilisant uniquement cette méthode qu'en attachant tous les matériaux avec du fil de fer en bobine, mais le résultat est très différent. Le principal avantage de cette méthode, c'est de pouvoir placer chaque bouquet exactement où l'on veut dès le départ, et de ne le fixer au support que lorsque l'on est satisfait de son emplacement. Cette méthode économise en outre les matériaux. De plus, il est possible de varier l'orientation des bouquets, ce qui donne un décor plus intéressant qu'en les attachant avec du fil en bobine, car ils sont alors nécessairement tous dirigés dans le même sens.

Fournitures :	Outils :
fleurs séchées	ciseaux
tiges en fil de fer	pince

1 Coupez le bouquet de la longueur désirée. Passez une tige en fil de fer sous les fleurs à mi-longueur et repliez-la autour du bouquet. Tenez le bouquet fermement d'une main et repliez la tige de l'autre.

2 Croisez les deux extrémités et torsadez-les avec les pinces de façon à créer un bon support. Veillez à ne pas casser les tiges sous la pression.

COMMENT FIXER UN BOUQUET LIÉ

- Piquez le bouquet. Si le matériau est lourd, consolidez ensuite la fixation avec un point de colle. La colle doit être à la fois en contact avec les végétaux et avec le grillage à poule.
- Tenez toujours le bouquet par la tige de fil de fer, afin d'éviter de faire tomber les fleurs.
- Lorsque vous piquez un bouquet dans de la mousse synthétique, dégagez l'espace le plus possible de la main. Remettez ensuite en place les bouquets que vous avez écartés.

LA MISE EN TIGE DES FEUILLES

Certaines feuilles, celles de magnolia par exemple, sont livrées avec peu ou pas du tout de tige. En les montant sur une tige de fil de fer, le problème est résolu. Vous pourrez même les grouper en bouquets. Lorsque vous découpez la feuille, faites en sorte de dégager assez de place pour y fixer la tige de fil de fer. Cette technique est donc parfaite si une partie seulement de la feuille est apparente.

Fournitures :	Outils :
feuilles	ciseaux
tiges de fil de fer	pince

1 Découpez le tiers inférieur de la feuille d'un côté de la nervure centrale. Répétez l'opération de l'autre côté, en faisant apparaître une longue tige épaisse.

2 Groupez les feuilles en bouquet et montez-les comme un bouquet de fleurs séchées, en variant l'inclinaison de chaque feuille de façon à créer un bouquet à l'aspect bien fourni.

LA MISE EN TIGE DES FRUITS

Cette méthode convient pour bon nombre de fruits, dans lesquels on peut facilement faire pénétrer une tige de fil de fer. Quant aux noix et autres fruits à coque dure, il faut auparavant les percer à l'aide d'une perceuse ou d'un poinçon, ce qui est un travail très délicat. Placez si possible la noix dans un étau de façon à avoir les mains libres.

Si la base de la composition est ferme, c'est-à-dire constituée de grillage à poule et de mousse ou bien de tiges ligneuses, utilisez plutôt un pistolet à colle pour fixer les fruits directement. Cette méthode est beaucoup plus rapide que la précédente et permet en outre de placer les fruits exactement là où vous le souhaitez.

Fournitures :
fruits secs
tiges de fil de fer

Outils :
poinçon ou perceuse
pince
étau

1 Pratiquez, si besoin est, un trou à la base du fruit sec. Glissez-y ensuite une tige de fil de fer de façon à traverser le fruit de part en part, et à avoir une longueur de tige égale de chaque côté.

2 Croisez les extrémités de la tige et torsadez-les en un support ferme.

PASSER LES ROSES À LA VAPEUR

Cette technique toute simple améliore nettement l'aspect des roses séchées qui sont importées dans de grands cartons contenant jusqu'à 25 bouquets chacun. Certains bouquets arrivent à destination un peu écrasés. Ce procédé leur redonnera un peu de vie mais attention ! N'essayez jamais d'ouvrir le cœur de la rose qui est souvent décoloré. Cette méthode est également valable pour les pivoines mais là encore, n'essayez pas d'ouvrir trop le cœur.

Fournitures :
bouilloire
roses séchées

1 Portez de l'eau à ébullition dans une bouilloire. Dans la vapeur, tenez la rose quelques secondes vers le bas.

2 Retirez de la vapeur la rose qui a pris du volume et écartez délicatement les pétales extérieurs, l'un après l'autre.

3 Si besoin est, répétez l'opération et continuez à ouvrir les pétales, en travaillant vers le cœur de la rose.

NŒUD EN PAPIER

Un beau nœud en papier est une solution rapide et bon marché pour ajouter un petit plus à une composition. On trouve maintenant des rubans en papier dans toute une gamme de couleurs et au moins en deux largeurs. Le ruban le plus étroit est généralement beaucoup plus serré et il faut beaucoup de patience pour le dérouler. Le ruban plus large d'un usage plus simple se prête bien à la peinture en bombe. Vaporisez-le très légèrement de blanc, de doré ou d'argenté en laissant voir au travers sa couleur d'origine : le résultat sera du meilleur effet.

Fournitures :
ruban en papier
pistolet à colle ou
tige de fil de fer

Outils :
ciseaux
pince

1 Coupez le ruban à la longueur désirée. Pour calculer la longueur idéale, faites le nœud sans le nouer vraiment, et rajoutez un peu de marge. Ouvrez délicatement le ruban jusqu'à ce qu'il soit complètement plat, puis froissez-le légèrement à nouveau.

2 Repliez le ruban en deux, puis formez un M en posant le milieu du ruban vers le bas. Vous avez maintenant deux boucles.

3 Tenez les deux boucles, croisez-les l'une sur l'autre, nouez-les et tirez légèrement. Ajustez la taille du nœud en tirant sur les extrémités.

4 Ouvrez le ruban en un beau nœud arrondi. Fixez-le sur la composition avec de la colle ou bien avec une tige de fil de fer enfilée dedans.

NŒUD EN TISSU

Un nœud en tissu est très élégant, surtout si le tissu choisi est assorti au thème général de la pièce. La méthode est assez simple, la seule limite étant la taille. En effet, un gros nœud aura du mal à conserver sa forme, à moins de l'amidonner ou de le rendre rigide avec du fil de fer. Collez le nœud sur la composition, ou bien, avant de recouvrir la tige de fil de fer avec le dernier morceau de tissu, glissez-en une seconde sous la première. Torsadez-les comme pour les pommes de pin et autres décors, et vous pourrez piquer le nœud dans la composition.

Fournitures :
tissu
tige de fil de fer

Outils :
ciseaux
pince
pistolet à colle

1 Pliez le morceau de tissu en trois dans le sens de la longueur, de sorte que le bord coupé ne soit pas trop près de l'un des plis.

2 Repliez à nouveau le tissu en trois, de sorte que la partie centrale soit à peu près un tiers plus grande que les deux latérales.

3 Resserrez le tissu en son centre de façon à obtenir un nœud papillon. Entourez-le d'une tige de fil de fer dont vous torsaderez les extrémités.

4 Régularisez les plis sur le devant du nœud. Continuez à torsader les deux brins de la tige et glissez les bouts coupants dans le nœud.

5 Pliez un morceau de tissu beaucoup plus petit en trois dans le sens de la longueur, en respectant les proportions.

6 Entourez le centre du nœud de ce morceau de tissu de façon à cacher la tige de fil de fer. Recoupez-le sur l'arrière et collez les deux bords coupés l'un sur l'autre. On ne doit pas voir de raccord sur le devant du nœud.

Le printemps

Au cours de cette saison merveilleuse, une vaste gamme de matériaux est à notre disposition dans toute une palette de tons pastel. Plusieurs styles de compositions vous sont présentés dans ce chapitre, et tous reflètent la douceur des couleurs printanières.

Corbeille florale printanière

Plusieurs types de récipients conviennent pour cette composition toute simple. Même un carton peut faire l'affaire une fois peint ou recouvert de tissu, mais pour un décor rustique, prenez une caisse en bois. Celle que nous avons utilisée ici contenait au départ des pots de confiture. Quant aux feuilles de laurier, l'idéal est de les cueillir fraîches sur l'arbre : elles risquent moins de se détacher de leurs tiges et on peut ainsi profiter de leur belle couleur. Une fois séchées, vaporisez-les avec de la laque.

Fournitures :
bloc de mousse synthétique sèche de fleuriste
caissette en bois
mousse verte des bois
Protea compacta
feuilles de laurier
épingles de fleuriste
corde

Outils :
couteau
sécateur

1 Recoupez le bloc de mousse synthétique un peu plus petit que la caissette. Mettez-le dedans et comblez les espaces vides avec de la mousse végétale. Ressortez-en quelques touffes par les trous de la caisse.

2 Coupez les tiges de *Protea compacta* à la longueur désirée, en prévoyant 3 cm (1,5 po) pour les piquer dans la mousse. Disposez une rangée de *Protéa* légèrement décalée par rapport au centre.

3 Piquez la seconde rangée de fleurs de façon à garnir le centre de la composition.

4 Coupez les queues des feuilles de laurier et plantez-les dans la mousse. Faites en sorte que le haut des feuilles arrive juste au-dessous de la base des fleurs.

5 Piquez suffisamment de feuilles pour masquer entièrement la mousse synthétique. Rajoutez un peu de mousse végétale que vous fixez avec des épingles de fleuriste. Enroulez la corde autour de la caissette sans la serrer et nouez-la.

Coffret printanier

Voici une façon de réutiliser les boîtes cadeaux que l'on se refuse à jeter. J'ai pris une boîte ovale, mais la plupart des formes et des tailles conviennent. La bougie est facultative. Peut-être en faudrait-il d'ailleurs plusieurs dans un récipient plus grand. Vous pouvez en outre modifier la décoration extérieure du coffret : un ruban large et un beau nœud donneront par exemple un résultat moins rustique.

Fournitures :
assortiment de feuilles
boîte en carton
bloc de mousse synthétique sèche de fleuriste
bougie
2 bottes de roses miniatures roses
mousse végétale
épingles de fleuriste
raphia

Outils :
pistolet à colle
couteau
sécateur
ciseaux

1 Étalez un peu de colle sur le dos de chaque feuille et appuyez fortement pour la coller sur le bord de la boîte. Si les feuilles ne sont pas assez grandes, collez-en une première rangée en les faisant bien dépasser du bord, puis recouvrez la base des feuilles avec une seconde rangée.

2 Découpez le bloc de mousse avec le couteau, enduisez la base de colle et appliquez-la au fond de la boîte. Faites en sorte que le bloc tienne bien pour que la boîte ne se déforme pas.

3 Quand la colle a séché, plantez la bougie au centre de la mousse, puis retirez-la. Mettez une pointe de colle dans le trou, puis remettez la bougie en place : elle ne tombera pas. Pour remplacer la bougie usée, tournez-la doucement. Collez la neuve à sa place.

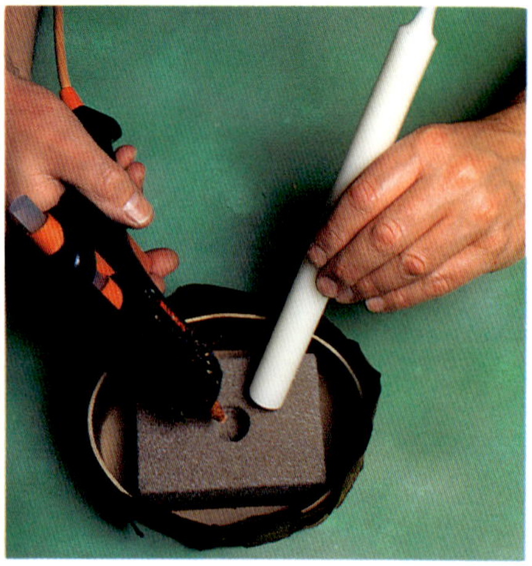

4 Coupez les roses en prévoyant que 3 cm (1,5 po) seront plantés dans la mousse et 5 cm (2 po) dépasseront des feuilles. Piquez les fleurs en suivant la bordure de la boîte. Couvrrez-en toute la mousse, mais laissez un peu de place autour de la bougie pour que les roses ne prennent pas feu. Bouchez les trous avec de la mousse végétale fixée avec des épingles de fleuriste. Retaillez-la autour de la bougie.

5 Nouez quelques brins de raphia autour de la boîte.

Topiaire en origan

Bon nombre de fleurs séchées fanent doucement avec le temps, surtout si elles sont exposées à la lumière. L'origan, en revanche, conserve à la fois sa couleur et son merveilleux parfum. C'est donc un matériau idéal pour les grands projets, car on ne le mettra pas à la poubelle de sitôt.

Fournitures :
pot de fleurs en terre cuite
pâte à modeler durcissant à l'air
branche ou tronc de 40 cm (15 po) de longueur environ
sphère de mousse synthétique sèche de 8 à 10 cm (5-6 po) de diamètre
tige de fil de fer
mousse végétale (*Cladonia rangiferina*)
épingles de fleuriste
8 à 10 bottes d'origan

Outils :
couteau
pistolet à colle
sécateur
pince

1 Préparez et confectionnez la base de la topiaire. Fixez la mousse végétale tout autour du tronc en haut du pot à l'aide des épingles de fleuriste. Laissez durcir la base pendant au moins 10 heures. Une fois la base sèche, soulevez-la et mettez de la colle à l'intérieur du pot de fleurs. Reposez la base en pâte à modeler et collez-la.

2 Coupez l'origan, confectionnez les bouquets et mettez-les en tige. Ils ne doivent pas dépasser 10 cm (4 po) de longueur. Piquez les bouquets dans la sphère de mousse synthétique, l'un après l'autre, en tenant toujours le côté opposé de la boule pour qu'elle ne fende pas sous la pression. Pour ne pas abîmer les petites feuilles d'origan, très délicates, tenez le bouquet par la tige, le plus bas possible.

3 Continuez à ajouter des bouquets jusqu'à ce que toute la boule en soit couverte. Reculez de temps en temps de quelques pas pour vérifier la régularité du travail. Piquez toujours les bouquets l'un à côté de l'autre de façon à ne pas laisser de trou entre deux. Retournez la topiaire la tête en bas, puis cachez complètement la mousse synthétique visible autour du tronc avec de la *Cladonia*. Cette opération n'est pas nécessaire si vous posez votre topiaire sur une table basse car cette partie ne sera pas apparente.

Petites astuces

Si vous confectionnez une paire de topiaires, réalisez les deux bases parallèlement pour qu'elles soient de la même hauteur. Utilisez si possible les mêmes matériaux pour que les topiaires soient assorties. Si vous prenez des pots en terre, recouvrez la base de feutrine pour ne pas rayer la surface de vos meubles.

Panier couvert de mousse et de lavande

La majeure partie de la bordure intérieure du panier est simplement couverte de mousse (*Cladonia rangiferina*) pour laisser beaucoup de place utile au centre. Collez directement les roses sur la sphaigne et non sur la *Cladonia*, pour éviter qu'elles se détachent et tombent. Collez enfin les roses et la *Cladonia* sur les tiges de fil de fer qui fixent les bouquets de lavande afin de les cacher.

Fournitures :
corde
tiges de fil de fer
fil de fer en bobine
sphaigne
panier
lavande
Cladonia rangiferina
épingles de fleuriste
roses

Outils :
couteau
pistolet à colle
pince
sécateur

1 Confectionnez une guirlande en corde recouverte de sphaigne adaptée à la bordure du panier et fixez-la avec des tiges de fil de fer. Préparez de petits bouquets de lavande et attachez-les en leur centre avec du fil de fer. Glissez les tiges dans la sphaigne dans le sens de la longueur. Croisez ainsi trois bouquets. Procédez ainsi trois fois. Répartissez les trios de bouquets sur le panier.

2 Recouvrez presque entièrement la guirlande de *Cladonia rangiferina* fixée avec des épingles de fleuriste.

3 Coupez la tige des roses au ras des fleurs et collez celles-ci sur la sphaigne. Si les roses sont petites, passez-les d'abord à la vapeur.

Guirlande printanière aux bouquets

Avec ses tiges souples, l'amarante queue-de-renard donne beaucoup de douceur à cette guirlande. Toutes les fleurs choisies sont de teintes plutôt pastel pour obtenir l'effet printanier. Les pieds-d'alouette et les pivoines sont toutefois des fleurs d'été, car du fait de leur nature délicate, rares sont les fleurs printanières qui sèchent bien. On parvient néanmoins à créer un décor de printemps en choisissant des fleurs d'été aux couleurs appropriées.

Fournitures :
grillage à poule
sphaigne
tiges de fil de fer
pots en terre cuite
pieds-d'alouette roses
pieds-d'alouette bleus
bouton d'argent
origan
amarantes queue-de-renard
roses jaunes
pivoines
mousse verte des bois
épingles de fleuriste
raphia

Outils :
sécateur
pince
pistolet à colle

1 Confectionnez une guirlande en grillage à poule de 1,3 m (3-4 pieds) de long. Fixez les pots en glissant une tige de fil de fer dans le trou du fond. Piquez les deux extrémités de la tige à travers la guirlande puis torsadez-les fermement. Repoussez le bout coupant dans la guirlande.

2 Confectionnez de petits bouquets à lien central avec les pieds-d'alouette et piquez l'extrémité des tiges de fil de fer dans la base. Travaillez ainsi tout le long de la guirlande, en ajoutant une variété après l'autre et en croisant les matériaux.

3 Préparez l'amarante en laissant seulement 5 cm (2 po) de tige et montez les épis sur des tiges de fil de fer. Ajoutez-les aux deux extrémités de la guirlande et piquez quelques bouquets dans la partie centrale, parmi les autres fleurs.

4 Mettez une pointe de colle sur les petits bouquets de roses jaunes mises en tige et fixez-les dans les pots en terre.

5 Coupez les pivoines au ras des fleurs et collez-les par groupes de deux ou de trois de façon à masquer les tiges des fleurs et le fil de fer. Bouchez les trous avec de la mousse fixée tout le long de la guirlande avec les épingles de fleuriste. Faites un beau nœud en raphia. Collez-le à une extrémité.

Couronne printanière aux bougies

Avec cette méthode, la confection d'une couronne nécessite beaucoup moins de matériaux que lorsqu'on utilise uniquement des fleurs mises en tige ou des bouquets à lien central. Idéale pour les petites compositions, cette solution ne convient cependant pas pour les grandes décorations auxquelles il manquerait une dimension dramatique. Les matériaux choisis ici permettent en outre de garnir très rapidement une petite couronne. Ce projet est donc parfait pour les débutants.

Fournitures :
support circulaire en cuivre
paille ou mousse végétale
fil de fer en bobine
4 pique-bougies en plastique
4 bougies
tiges de fil de fer
hortensia
Achillea filipendulina
roses roses
pivoines
mousse verte des bois
épingles de fleuriste

Outils :
sécateur
pince
pistolet à colle

1 Recouvrez les deux côtés du support métallique de paille ou de mousse. Enfoncez 4 pique-bougies dans la base, retirez-les, mettez un point de colle et fixez-les. Mettez en tige de petits bouquets d'hortensia, piquez-les dans la couronne et collez-les pour qu'ils tiennent bien.

2 Coupez les tiges d'achillée à 5 cm (2 po) des fleurs environ, piquez-les dans la couronne et collez-les. N'oubliez pas de garnir l'extérieur et l'intérieur de l'anneau.

Petites astuces

Lorsque vous fixez les pique-bougies sur la couronne, placez les bougies sans les coller pour voir si elles sont bien droites. Vérifiez encore une fois la composition terminée, puis collez-les.

3 Continuez ainsi en mettant en tige et en collant tous les matériaux jusqu'à ce que la couronne soit entièrement recouverte de fleurs. Vous pouvez vous contenter de piquer les bouquets, et ne pas les coller, mais le décor tiendra moins longtemps.

4 Bouchez les trous avec de la mousse verte que vous fixez avec des épingles de fleuriste. Collez les bougies dans les pique-bougies.

Porte-savon aux coquillages

La base de notre coquillage est naturellement ponctuée de petits trous : il se prête donc parfaitement à ce projet, car le savon pourra s'égoutter facilement. L'intérieur est en outre superbement nacré, de sorte que même vide il est ravissant. Si vous avez moins de chance, ne vous inquiétez pas : il est assez facile de percer un coquillage, manuellement ou bien avec une perceuse électrique à basse vitesse. Avant de ramasser des coquillages pendant les vacances, vérifiez qu'aucune réglementation locale ne l'interdit. On trouve par ailleurs dans le commerce des coquillages polis dont la surface est souvent très joliment irisée.

Essayez différents types de mousse. *Cladonia rangiferina* est idéale car elle supporte bien l'humidité. Quelle que soit l'espèce choisie, utilisez-en peu car le porte-savon devra être lavé de temps en temps. Collez un morceau de corde sous le porte-savon avec une résine époxy : il sera ainsi bien plus stable sur une surface très lisse. Une poignée de petits coquillages non coupants au fond de la grande coquille permettent enfin que le savon ne baigne pas dans une petite mare.

Fournitures :
gros coquillage
corde
petits coquillages
mousse végétale

Outils :
pistolet à colle
ciseaux

Petites astuces

Faites très attention en utilisant un pistolet à chaud pour coller de si petits objets. N'essayez pas de retirer de la colle chaude de vos mains avant qu'elle ait pris : faites simplement couler de l'eau froide sur la colle puis retirez-la une fois solidifiée.
Lorsque vous achetez des coquillages, vérifiez leur provenance pour avoir de bons produits.

1 Appliquez un peu de colle sous le gros coquillage, au centre. Enroulez la corde en escargot et appuyez-la fermement sur la colle avant que celle-ci ne durcisse. Continuez à enrouler la cordelette en rajoutant de la colle au fur et à mesure. Couvrez ainsi environ un tiers du coquillage pour lui donner une base stable. Coupez la cordelette à angle droit et collez l'extrémité rabattue sur l'escargot.

2 Collez un morceau de corde tout autour du bord extérieur du coquillage. Si il est assez grand, faites deux tours : vous aurez plus de place pour coller les petits coquillages.

3 Collez sur la corde le premier petit coquillage. Garnissez tout le tour. Commencez par les coquillages les plus gros, et comblez les espaces avec les petits. Collez-les sur la corde mais aussi les uns sur les autres, afin de créer un collier régulier. Bouchez les trous avec de la mousse.

Panier rustique

Voici de quoi exercer votre talent en matière de mise en tige. En effet, pour pouvoir piquer une grande quantité de végétaux dans un espace relativement réduit, les bouquets doivent être le plus net possible. Si on trouve des fleurs séchées toute l'année, l'assortiment choisi pour cette composition a un air printanier, notamment grâce à l'amarante queue-de-renard qui retombe sur les côtés du panier.

Fournitures :

- bloc de mousse synthétique sèche de fleuriste
- panier rond
- sphaigne
- amarante
- origan
- pieds-d'alouette
- roses miniatures
- roses
- amarante queue-de-renard vert pâle
- tiges de fil de fer
- mousse verte des bois
- épingles de fleuriste

Outils :

- couteau
- sécateur

1 Avec un couteau bien aiguisé, recoupez la mousse synthétique pour qu'elle épouse la forme du panier. Laissez 2,5 cm (1 po) environ entre le haut du panier et le bloc de mousse. Comblez les bords avec de la sphaigne.

2 Séparez toutes les bottes de fleurs et coupez les tiges à 20 cm (8 po) environ. Mettez en tige chaque variété, en petits bouquets séparés. Commencez par les fleurs les moins fragiles et piquez les tiges dans la mousse synthétique. Ajoutez une variété à la fois, et garnissez l'essentiel du panier avec de l'origan.

3 Poursuivez le travail en gardant les roses et les amarantes pour la fin. Créez un décor fourni avec des bouquets bien serrés.

4 Ajoutez les roses et finissez par les amarantes queues-de-renard que vous piquez autour de la bordure du panier de façon qu'elles retombent sur toute la hauteur.

5 Terminez en garnissant abondamment les contours de mousse verte des bois, et vérifiez que l'on ne voit pas du tout la mousse synthétique.

L'été

En été, on trouve à profusion dans les jardins et les campagnes des fleurs fraîches et autres matériaux que l'on peut faire sécher chez soi. Bon nombre d'entre eux permettent de créer de superbes décorations colorées qui tiendront toute la saison.

Corbeille florale estivale

Cette composition a un dos plat qui permet de la poser contre un mur ou dans une petite cheminée. Si elle doit être vue de tous les côtés, procédez de même mais piquez les deux premières rangées de fleurs au centre, et non sur un bord. Ajoutez ensuite les autres fleurs en les répartissant tout autour. Si vous souhaitez une composition plus grande, collez plusieurs blocs de mousse synthétique. Fixez enfin les feuilles le plus haut possible pour qu'elles ne couvrent pas le tissu.

Fournitures :
carton
bloc de mousse synthétique sèche de fleuriste
tissu
épingles de fleuriste
pivoines
tiges de fil de fer
lavande
Alchemilla mollis
feuilles de raisinier
raphia
mousse verte des bois

Outils :
ciseaux
pistolet à colle
sécateur
pince

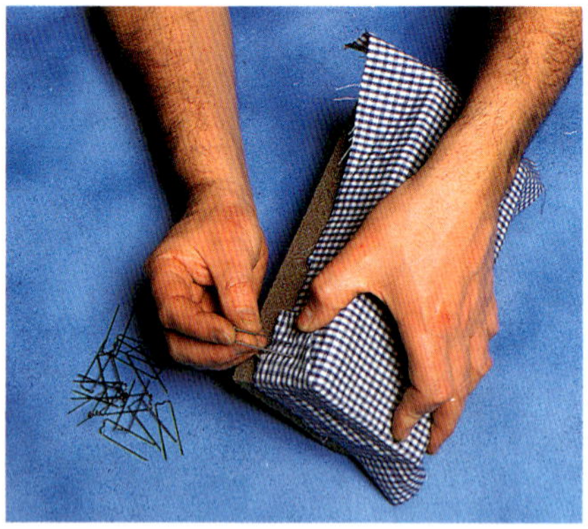

1 Découpez un morceau de carton selon la base du bloc de mousse et collez-le dessus. Posez le tout sur le tissu, et découpez ce dernier de façon à couvrir le fond et à remonter sur les côtés sur 5 cm (2 po) de hauteur environ. Sans faire de plis, fixez le tissu sur les côtés du bloc de mousse avec des épingles de fleuriste.

2 Recoupez les tiges des pivoines à la hauteur souhaitée. Piquez-en deux rangées en partant de l'arrière de la composition, en laissant un peu de place à chaque extrémité pour ajouter d'autres fleurs. Vérifiez qu'au moins 3 cm (1,5 po) de tige pénètrent dans la mousse. Ne piquez rien tout au bord du bloc, il s'effriterait.

3 Mettez en tige des bouquets de lavande et piquez-les dans la mousse, devant et à côté des pivoines, de sorte que le haut de la lavande arrive à la base des pivoines. Procédez de même avec *Alchemilla mollis*, de façon que le haut de ces fleurs arrive au bas des épis de lavande.

4 Fixez les feuilles de raisinier avec des épingles de fleuriste sur le devant et les côtés de la composition. Enveloppez chacun des coins arrière avec au moins une feuille. Placez les feuilles le plus haut possible pour qu'elles ne cachent pas le tissu.

5 Nouez quelques brins de raphia autour de la composition pour masquer les épingles de fleuriste. Vous pouvez remplacer le raphia par un nœud confectionné dans le même tissu que la base. Bouchez les trous éventuels avec de la mousse verte pour qu'on ne voie pas la mousse synthétique.

Variante pour la corbeille florale

On peut confectionner une corbeille florale avec divers matériaux suivant la saison. Les végétaux choisis ici conserveront leur couleur tout au long de l'été, dans la mesure où vous évitez de les exposer en plein soleil. Les roses rouge foncé et la lavande sont idéales lorsque la lumière est vive. Les roses ont été passées à la vapeur afin de réduire la quantité nécessaire pour couvrir l'espace. Les bâtons de cannelle sont collés sur un carton, lui-même fixé à la mousse avec des épingles de fleuriste, alors que l'on a l'impression que c'est le ruban écossais qui les tient.

MANCHON À BOUGIE FLEURI

Choisissez une grosse bougie afin que le manchon soit assez large pour que l'on puisse y fixer des fleurs séchées. La bougie doit être au moins deux fois plus haute que le manchon, pour qu'elle puisse brûler sans risquer de mettre le feu à la toile de jute. Enveloppez soigneusement la bougie avant de vous lancer dans la confection du manchon, d'une part pour ne pas la salir et d'autre part pour que la colle chaude appliquée au papier ou à la toile de jute ne fasse pas fondre la cire.

Fournitures :
papier kraft
bougie
ruban adhésif transparent
toile de jute
corde
brindilles
tiges de fil de fer
mousse végétale
6 roses

Outils :
ciseaux
pistolet à colle
pince
sécateur

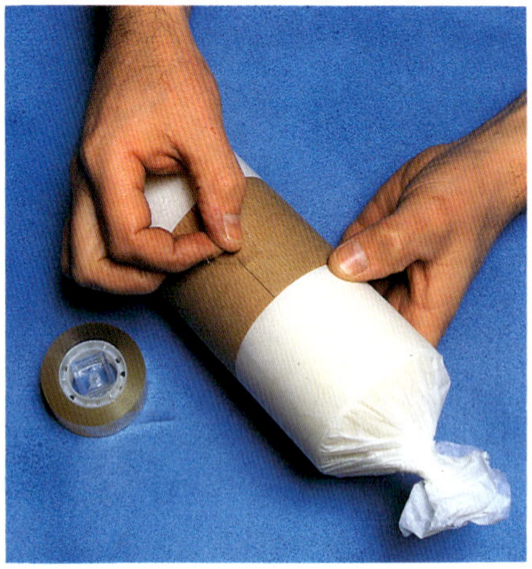

1 Découpez un morceau de papier de 8 cm (3 po) de large environ, assez long pour entourer votre bougie. Fermez ce manchon ainsi confectionné avec du ruban adhésif. Il doit coulisser le long de la bougie.

2 Découpez un morceau de toile de jute deux fois plus large que le papier et assez long pour faire le tour de la bougie. Repliez les deux quarts extérieurs vers l'intérieur et collez-les.

3 Posez la bougie sur l'envers du tissu et mettez une pointe de colle de chaque côté. Enroulez la toile autour de la bougie en l'aplatissant bien pour qu'elle couvre parfaitement le papier.

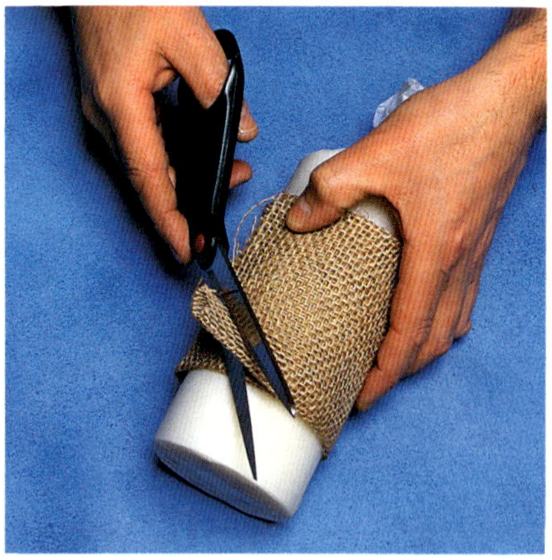

4 Recoupez les coins du bord visible de la toile et collez-les minutieusement pour qu'ils ne s'effilochent pas.

PETITES ASTUCES

Pour ce projet, faites preuve d'un peu de patience. Car une fois la technique maîtrisée, vous pourrez décorer le manchon avec des matériaux très divers : coquillages, étoiles de mer et *Cladonia rangiferina* pour une salle de bain par exemple, pommes de pin et champignons séchés pour un décor hivernal, etc. Les chutes des matériaux utilisés pour d'autres compositions suffiront certainement pour réaliser un manchon à bougie, aussi gardez-les.

5 Enroulez la corde autour du manchon de toile et fixez-la avec de la colle. Appliquez la colle tout autour de la corde pour qu'elle soit en contact à la fois avec la corde et avec la toile de jute. Continuez à enrouler la corde autour du manchon, en serrant bien à chaque tour de façon à couvrir entièrement la toile de jute.

6 Confectionnez un petit bouquet de brindilles. Collez-le en diagonale sur le manchon et masquez le fil de fer avec un peu de mousse verte. Coupez les roses au ras des fleurs et collez-les autour des brindilles.

BOUQUET DE ROSES D'ÉTÉ

Ce projet fait appel à la même technique que sa variante automnale (page 74), mais la couleur et les matériaux, et donc l'impression générale, sont complètement différents. Compact et lumineux, c'est un bouquet parfait pour un malade, d'autant que sa petite taille encombrera peu l'espace restreint d'une table de chevet. Il est également possible de le confectionner en coupant les tiges très courtes et en rajoutant une bougie au milieu. Une table dressée avec un bouquet de roses pour chacun des convives est en effet très accueillante. Comme d'habitude, ne laissez jamais la bougie brûler sans surveillance et retirez-la avant qu'elle n'atteigne les fleurs séchées.

Fournitures :
disque de mousse synthétique sèche
papier kraft
tiges de fil de fer
pieds-d'alouette roses
roses roses
feuilles de raisinier ou similaires
épingles de fleuriste
raphia
mousse végétale

Outils :
pistolet à colle
cutter
pince
sécateur
ciseaux

1 Collez le disque de mousse au centre du papier kraft. À l'aide d'un cutter, coupez le papier du bord de la mousse jusqu'au bord du papier, tout autour du bloc, tous les cm (1/2 po) environ.

2 Repliez les bandes de papier de façon à envelopper la mousse. Entourez le tout d'une tige de fil de fer et torsadez-en les extrémités. Vérifiez que les bandes sont bien droites et sans plis avant de serrer. Recoupez le papier au ras de la mousse.

3 Coupez les tiges des pieds-d'alouette et des roses, en conservant le plus de feuilles possible. Piquez-les l'une après l'autre dans la mousse en partant du centre.

4 Continuez ainsi jusqu'à ce que la mousse soit entièrement fleurie. Si besoin est, mettez en tige quelques bouquets de feuilles de roses et piquez-les dans la mousse.

5 Enveloppez la base dans quatre feuilles de raisinier que vous fixez avec des épingles de fleuriste, toutes piquées à la même hauteur.

6 Passez une tige de fil de fer autour des feuilles, à hauteur des épingles, et torsadez-en les extrémités pour que les feuilles tiennent bien.

7 Recoupez aux ciseaux les feuilles qui dépassent autour de la base pour que le bouquet soit bien stable.

8 Nouez quelques brins de raphia autour de la base pour masquer le fil de fer. S'il n'y a pas assez de feuilles de roses pour cacher la mousse synthétique, bouchez les trous avec de la mousse végétale.

GUIRLANDE DE TABLE ESTIVALE

Réalisée à partir d'un assortiment de fleurs haut en couleur, cette guirlande est parfaite, posée à côté de fruits frais et de quelques bougies, pour garnir une table de jardin dressée pour le dîner par une belle soirée d'été.

Fournitures :
blé
origan
Eucalyptus spiralus
pieds-d'alouette roses
pivoines
roses roses
bobine de fil de fer
corde
assortiment de bougies
pots de fleurs en terre
mousse verte des bois
fruits frais

Outils :
sécateur
pistolet à colle
bouilloire

1 Séparez les tiges des diverses bottes de fleurs, coupez-les à 15-20 cm (6-8 po) et empilez chaque variété séparément. Conservez les roses et les pivoines à part. Confectionnez de petits bouquets et attachez-les à la corde avec du fil de fer.

2 Continuez à recouvrir la corde en espaçant régulièrement les végétaux sur toute la longueur. Une fois fixées, une partie des fleurs doit reposer sur la table.

3 Choisissez les matériaux soigneusement pour bien équilibrer les couleurs et les formes. N'oubliez pas que les couleurs les plus vives, comme le rose des pieds-d'alouette, ressortiront davantage que les teintes sombres.

4 Passez les roses et les pivoines à la vapeur pour qu'elles s'ouvrent au maximum. Coupez les tiges et collez les fleurs sur la guirlande en les répartissant bien sur toute la longueur. Placez les bougies dans des pots de fleurs garnis de mousse et disposez quelques fruits pour cacher le fil de fer.

SET DE TABLE D'ÉTÉ EN FEUILLES

Ce décor de table inhabituel est très simple et facile à confectionner. N'importe quel type de feuille, et même un assortiment, fera l'affaire. J'ai pris des feuilles de raisinier parce qu'il en faut peu pour faire le cercle. Pour un petit projet, utilisez les restes de fleurs ayant servi pour d'autres compositions. Si vous préparez un grand nombre de sets de table, achetez une botte d'une ou deux variétés de fleurs pour qu'elles soient assorties. Disposez les fleurs dirigées vers le centre de la table : ainsi, la personne assise en face profitera pleinement du décor.

Fournitures :
assiette
papier kraft
crayon à papier
feuilles de raisinier
tiges de fil de fer
roses miniatures
pieds-d'alouette

Outils :
ciseaux
pistolet à colle
sécateur
pince

1 Posez une assiette sur un morceau de papier, tracez-en le contour au crayon, découpez le disque et retirez-le. Posez la première feuille sur le papier, la pointe dépassant du cercle. Collez le bord de la feuille avec la seconde par-dessus. Continuez ainsi jusqu'à ce que la couronne de feuilles soit terminée.

2 Enroulez une feuille de raisinier en cornet et collez les bords pour qu'elle conserve sa forme. Répétez l'opération trois fois.

3 Collez les deux premiers cornets ainsi obtenus sur la couronne de feuilles. Posez le troisième sur les deux premiers et collez-le.

4 Mettez en tige trois petits bouquets de fleurs et glissez-les dans les cornets.

DÉCOR DE TABLE MARIN

La première partie du projet a pour objectif de structurer le décor et de lui donner de la hauteur, car il n'aura pas le même impact si tout est au même niveau. Ici, pas de règle stricte, laissez-vous porter par votre inspiration marine. Vous pouvez utiliser ce décor pour un dîner en bord de mer, pour un buffet informel ou même pour un grand pique-nique sur la plage. Une fois la soirée terminée, rangez tous les matériaux et gardez-les pour une autre fois.

Fournitures :
- bloc de mousse synthétique sèche
- divers types de mousse végétale, notamment *Cladonia rangiferina*, *Tillandsia* et mousse verte
- épingles de fleuriste
- tiges de fil de fer
- chardons bleus des Alpes
- roses jaunes
- raphia
- pots de fleurs en terre
- bougies
- étoiles de mer
- coquillages

Outils :
- couteau
- sécateur
- pince
- ciseaux

PETITES ASTUCES

Qu'elle soit longue, étroite ou ronde, disposez mousse et bougies en reproduisant la forme de la table. Autour d'elles, faites cascader tous les autres éléments depuis le centre de la composition.

1 Coupez le bloc de mousse avec un couteau de façon à obtenir une base à même de recevoir le gros pot de fleurs.

2 Recouvrez le dessus et les côtés de la base du pot de mousse verte que vous fixez avec des épingles de fleuriste.

3 Confectionnez deux bouquets de chardons et attachez-les en leur centre avec une tige de fil de fer dont vous piquez les extrémités dans le bloc de mousse, en plaçant un bouquet de chaque côté.

4 Faites de même avec les roses, et nouez un brin de raphia autour des bouquets pour masquer le lien en fil de fer. Posez le décor à son emplacement définitif. Ajoutez, à votre goût, des pots de fleurs garnis de bougies. Comblez les espaces vides avec les mousses végétales. Disposez coquillages et étoiles de mer.

Miroir fleuri

Voici un projet de grande envergure, mais si vous disposez de beaucoup de temps et de place, n'hésitez pas : vos efforts seront récompensés. Il est bon de commencer par un petit miroir, ou bien de confectionner d'abord une ou deux guirlandes ou couronnes porte-bougies pour acquérir une certaine assurance. La méthode de base est en effet la même que pour le miroir, mais à une plus petite échelle.

Fournitures :
grillage à poule
sphaigne
cadre en bois solide avec miroir
tiges de fil de fer
assortiment de fleurs, dont :
- roses rouges et jaunes,
- solidago
- pivoines
- lavande
- blé
- bouton d'argent
- chardon bleu des Alpes
- et pavots

champignons
bâtons de cannelle
pots de fleurs en terre
mousse verte des bois

Outils :
sécateur
pince
pistolet à colle
ciseaux

Pour commencer : confectionnez les quatre guirlandes en grillage à poule qui formeront le support. Si la sphaigne est très humide, préparez-les quelques jours à l'avance. Fixez ce support sur le cadre en bois. Peut-être préférerez-vous fixer le miroir avant de disposer les fleurs mais faites-le après avoir mis en place le support en grillage et mousse, pour éviter de le briser en utilisant l'agrafeuse. Protégez le dos du miroir avec une plaque de carton ou d'Isorel. Confectionnez des bouquets à lien central de 15 cm (6 po) de longueur environ avec les divers végétaux.

1 Enfilez une tige de fil de fer dans chacun des pots de fleurs, repliez-la par-dessus le bord du pot puis piquez les deux extrémités dans le support en sphaigne. Torsadez les extrémités de la tige lorsqu'elles ressortent de l'autre côté. Fixez les matériaux décoratifs l'un après l'autre en les répartissant régulièrement tout autour du cadre. Pour ce faire, piquez les extrémités des tiges de fil de fer dans le support puis torsadez-les. Si le bouquet n'a pas l'air de bien tenir, collez la tige en fil de fer au grillage.

2 Continuez ainsi jusqu'à ce que presque tout le cadre soit garni. Retirez complètement les tiges de quelques fleurs, comme les roses et les pavots et collez-les soit directement sur le support, soit sur le lien en fil de fer des bouquets. Assurez-vous que la colle est à la fois en contact avec le fil de fer et avec la mousse. Travaillez toujours avec une seule variété à la fois, en ajoutant plusieurs petits bouquets au même endroit pour renforcer l'effet. Vérifiez que chaque matériau est uniformément réparti.

3 Une fois tous les éléments en place, bouchez les trous avec la mousse verte fixée avec des épingles de fleuriste. N'oubliez pas le rebord du cadre : pendant que vous travaillez, le cadre est posé à plat devant vous, et vous ne voyez pas cette partie.

Pour terminer : prenez de bons crochets et un fil d'acier ou une cordelette solide pour suspendre le miroir, car constitué de verre, de bois et de végétaux, il risque d'être extrêmement lourd. Si la mousse est encore humide, suspendez le miroir dans un endroit chaud et sec. Ne l'enveloppez jamais dans du plastique parce que cela entraîne l'apparition de moisissures. Pour dépoussiérer le cadre, utilisez une brosse souple et un sèche-cheveux à froid.

Petite guirlande du bord de mer

Cette guirlande est très souple pour que vous puissiez l'accrocher en divers endroits. Elle est ici suspendue contre une porte en verre de sorte qu'elle est visible des deux côtés, mais vous pouvez aussi la placer autour d'un miroir de salle de bain tout simple. Vous pouvez remplacer les petites branches par du bois flotté ramassé sur la plage, et les étoiles de mer par des petits cailloux. Faites en sorte que la colle ne se voie pas. Ajoutez de la mousse pour cacher les éventuelles traces de colle sèche et pour donner une texture intéressante à la guirlande. Tous les matériaux utilisés ici supportent l'atmosphère humide d'une salle de bain. Attention si vous en choisissez d'autres : les fleurs séchées n'aiment pas l'humidité. Les matériaux prétraités résistent généralement mieux.

Fournitures :
corde
étoiles de mer
mousse végétale
(*Tillandsia*)
eucalyptus
tiges de fil de fer
coquillages
lichen
petites branches

Outils :
pistolet à colle
ciseaux
sécateur

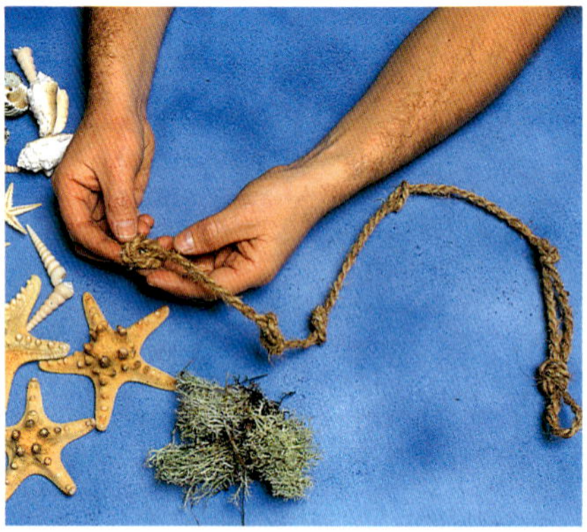

1 Coupez une corde de 1 à 1,3 m (3-4 pieds) de long, faites plusieurs nœuds et une boucle à l'une de ses extrémités.

2 Enduisez de colle une face d'une étoile de mer et posez la corde dessus.

3 Collez une seconde étoile de mer face à la première, en coinçant la corde entre les deux. Glissez un peu de *Tillandsia* autour des deux étoiles de façon qu'elle dépasse un peu sur les côtés. Répétez l'opération en plusieurs points de la corde.

4 Coupez l'eucalyptus en rameaux de 20 cm (8 po) de long. Fixez-en plusieurs sur la corde en un même point à l'aide de tiges de fil de fer. Répétez l'opération tous les 25 cm (10 po) environ.

5 Collez des coquillages à la base des bouquets d'eucalyptus, en travaillant tout autour de la corde pour recouvrir le fil de fer et la base des tiges. Ajoutez un peu de lichen et procédez ainsi sur toute la longueur de la corde à divers intervalles.

Chandelier d'été

Réalisée de la même façon que la Couronne automnale de la page 86, cette composition a été conçue pour être suspendue assez bas au-dessus d'une table. Si vous préférez la suspendre plus haut, retournez-la, posez-la sur le bord des pots et fleurissez la base comme le dessus. Une fois la base garnie, nouez les cordes aux points de suspension avant de retourner le chandelier pour ne pas avoir à le reposer et risquer de casser de fleurs. L'assortiment de fleurs que j'ai choisi conservera longtemps ses couleurs. Peut-être devrez-vous remplacer la mousse au bout de quelques mois car elle sera la première à perdre sa couleur.

Fournitures :
support en cuivre pour couronne, plat ou classique
mousse synthétique sèche de fleuriste
4 pots de fleurs en terre
sphaigne
bobine de fil de fer
tiges de fil de fer
pieds-d'alouette bleus et roses
roses
boutons d'argent
pivoines
mousse verte des bois
épingles de fleuriste
4 cordes pour suspendre le chandelier
4 bougies

Outils :
sécateur
pistolet à colle
pince

1 Lire p. 86 pour réaliser votre support circulaire en cuivre. Collez ensuite un petit bloc de mousse posé sous le support à un des pots de fleurs, en faisant en sorte qu'au moins un fil de cuivre passe au centre de la mousse. Fixez ainsi les quatre pots de façon symétrique.

2 Quand la colle a pris, enveloppez le support en cuivre d'une couche de sphaigne de 2,5 cm (1 po) d'épaisseur environ, maintenue avec du fil de fer en bobine. Surveillez la base de l'anneau et vérifiez que la mousse synthétique et le contour des pots sont bien garnis de sphaigne.

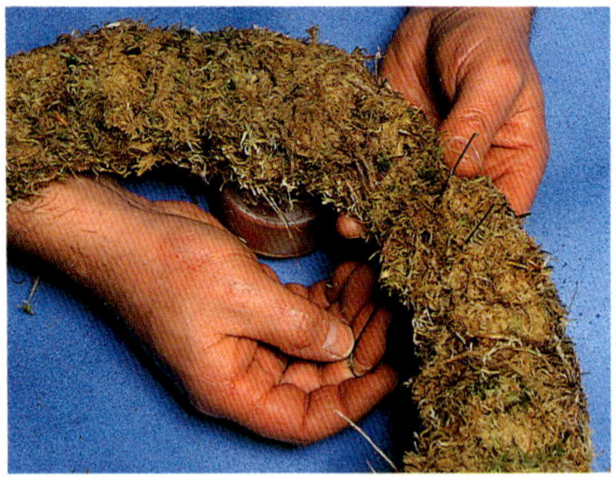

3 Piquez les deux extrémités d'une grosse tige de fil de fer entre deux pots dans la couronne. Vérifiez que la tige coince l'armature en cuivre sous la mousse, puis torsadez les deux extrémités de la tige et repliez-les dans la mousse. À ces « crochets » vous fixerze les cordes de suspension.

4 Confectionnez des bouquets à lien central avec les pieds-d'alouette, les roses et les boutons d'argent, puis glissez l'extrémité des tiges de fil de fer dans la base en sphaigne. Orientez les fleurs de l'intérieur du cadre vers l'extérieur.

5 Continuez à ajouter les divers matériaux en les croisant et en vérifiant que les bords intérieur et extérieur du chandelier sont bien garnis. Fixez les fleurs dans le même ordre sur toute la couronne pour que la composition soit équilibrée.

6 Coupez les tiges des pivoines au ras des fleurs puis collez celles-ci. Fixez ensuite la mousse verte à l'aide des épingles de fleuriste de façon à boucher tous les trous. Attachez les cordes, puis mettez les bougies dans les pots de fleurs et coincez-les avec de la mousse synthétique et végétale.

PETITES ASTUCES

N'oubliez pas que lorsque le chandelier sera suspendu, vous le regarderez sous un autre angle que lorsque vous le confectionniez. Pensez-y lorsque vous le garnissez, et soulevez-le même de temps en temps pour le voir de dessous.

Décor de cheminée

Voici un projet idéal pour les débutants. Très simple à réaliser, il présente en outre l'avantage de pouvoir être refait autant de fois que nécessaire pour obtenir le bon résultat sans endommager les matériaux. Nous avons ici procédé de telle sorte que le décor soit identique, quel que soit l'angle sous lequel on le regarde. Bien qu'il soit conçu pour une cheminée, on peut donc le tourner de temps en temps pour qu'il fane uniformément. En hiver, vous pouvez le retirer de la cheminée et le poser ailleurs. Un décor de cheminée reçoit plus de poussière que les autres compositions florales. Dépoussiérez-le avec un sèche-cheveux à froid et terminez avec une brosse douce. Si vous cassez une fleur pendant cette opération, il est facile de la remplacer sans déranger le reste de la composition.

Fournitures :
grillage à poule
panier
amarantes
pieds-d'alouette roses
roses rouges et roses
lavande

Outils :
sécateur
pince

1 Découpez un morceau de grillage mesurant à peu près deux foix la surface du panier. Froissez-le et enfoncez-le dans le panier de façon à recouvrir l'intérieur.

2 Séparez les bottes de fleurs et jetez les déchets. Placez quelques tiges d'amarantes dans le panier, en les glissant jusqu'au fond à travers le grillage. C'est cette plante qui va constituer la base du décor. Il doit y en avoir assez dans le panier pour couvrir presque entièrement le dessus du grillage tout en laissant de la place pour les autres fleurs.

3 Répartissez les pieds-d'alouette entre les tiges d'amarantes. Reculez de quelques pas pour vérifier que les fleurs sont bien réparties.

4 Ajoutez enfin les roses et la lavande. N'oubliez pas de mettre quelques boutons de roses assez bas sur le devant du panier pour qu'on les voie bien. Posez le panier par terre et vérifiez que le décor est bien équilibré en le regardant sous tous les angles.

Variante pour le décor de cheminée

Dans cette variante, le panier est très grand ; de plus, l'arrière a été garni de bûches pour ajouter de la texture à la composition. La conception et la méthode de garnissage sont les mêmes, et pourtant l'ambiance dégagée par le décor est complètement différente. Les teintes pastel des roses et des pivoines rose pâle sont associées au blé et au solidago, qui passent du rose pâle au brun doré. Le nœud en raphia donne enfin un air rustique à l'ensemble.

GRANDE GUIRLANDE DU BORD DE MER

Cette guirlande est confectionnée à partir de matériaux qui supportent bien l'humidité d'une salle de bain. Si vous décidez de mettre en tige les coquillages, commencez par les perforer à la perceuse électrique à basse vitesse afin de pouvoir enfiler une tige de fil de fer dans le trou puis dans le grillage à poule.

Fournitures :
grillage à poule
sphaigne
tiges de fil de fer
pots de fleurs en terre
chardons bleus des Alpes
Echinops
Eucalyptus spiralus
coquillages
étoiles de mer
épingles de fleuriste
mousse verte des bois
Cladonia rangiferina
roses jaunes
raphia

Outils :
sécateur
pince
pistolet à colle

1 Confectionnez une guirlande en grillage à poule de 1,3 m (4 pieds) de long. Fixez plusieurs pots de fleurs en terre répartis sur toute la longueur en glissant une tige de fil de fer dans le trou situé à la base de chaque pot. Passez les deux extrémités de la tige à travers le grillage et torsadez-les, puis rentrez-les dans la mousse par sécurité.

2 Confectionnez des bouquets de chardons à lien central et piquez les extrémités des tiges de fil de fer dans la guirlande. Travaillez graduellement sur toute la longueur en croisant les bouquets.

3 Confectionnez de petits bouquets d'*Echinops* ; fixez-les avec un lien central en fil de fer ou bien collez-les sur la guirlande. Répartissez ces bouquets sur toute la guirlande, sans oublier les côtés et le dessus.

4 Renouvelez l'opération avec l'eucalyptus en répartissant les bouquets le long de la guirlande et autour des pots de fleurs.

5 Fixez les coquillages à l'aide du pistolet à colle, en veillant à ce que la colle soit à la fois en contact avec la structure en grillage et avec les tiges de fil de fer.

6 Bouchez les trous avec de la mousse fixée avec des épingles de fleuriste. Fixez des bouquets de quatre ou cinq roses dans les pots. Faites un beau nœud en raphia et collez-le à une des extrémités de la guirlande.

L'automne

Voici venu le moment de retirer les décorations estivales qui garnissaient la cheminée et de partir dans la campagne à la recherche des trésors de l'automne. Associés à d'autres matériaux conservés depuis l'été, ils vous permettront de réaliser de superbes compositions.

Bouquet de roses d'automne

Bien qu'il comporte un assez grand nombre d'étapes, ce petit projet est l'un des plus faciles à réaliser. Les roses, jaunes et oranges notamment, conservent longtemps leur couleur. Ce bouquet est donc idéal pour égayer un coin sombre. Vous pouvez les associer à tout matériau séché. Le raphia donne à l'ensemble un air rustique, alors qu'un nœud en tissu le rendrait plus élégant.

Fournitures :
disque de mousse synthétique sèche de fleuriste
papier kraft
tiges de fil de fer
roses oranges ou jaunes
feuilles de raisinier ou similaires
épingles de fleuriste
raphia
mousse végétale

Outils :
pistolet à colle
cutter
pince
sécateur
ciseaux

1 Collez le disque de mousse au centre du papier kraft. A l'aide d'un cutter, coupez le papier du bord de la mousse jusqu'au bord de la feuille, tout autour du bloc, tous les cm (1/2 po) environ.

2 Repliez les bandes de papier en enveloppant la mousse. Entourez le tout d'une tige de fil de fer et torsadez-en les extrémités. Vérifiez que les bandes de papier sont bien droites et sans plis avant de serrer.

3 Recoupez le papier au ras de la mousse. Coupez les tiges des roses, en conservant le plus de feuilles possible. Piquez-les l'une après l'autre en partant du centre.

4 Continuez ainsi jusqu'à ce que la mousse soit entièrement fleurie. Une douzaine de roses devrait suffire. Si besoin est, mettez en tige quelques bouquets de feuilles et ajoutez-les à la composition.

5 Enveloppez la base dans trois ou quatre feuilles de raisinier que vous fixez avec des épingles de fleuriste, toutes piquées à la même hauteur.

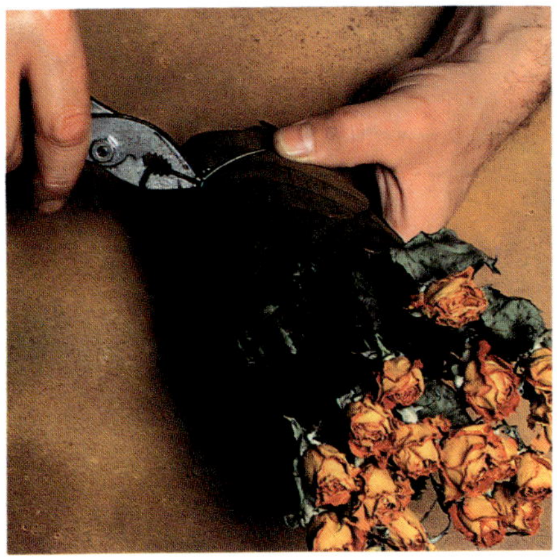

6 Passez une tige de fil de fer autour des feuilles, à hauteur des épingles, torsadez-en les extrémités pour tenir les feuilles.

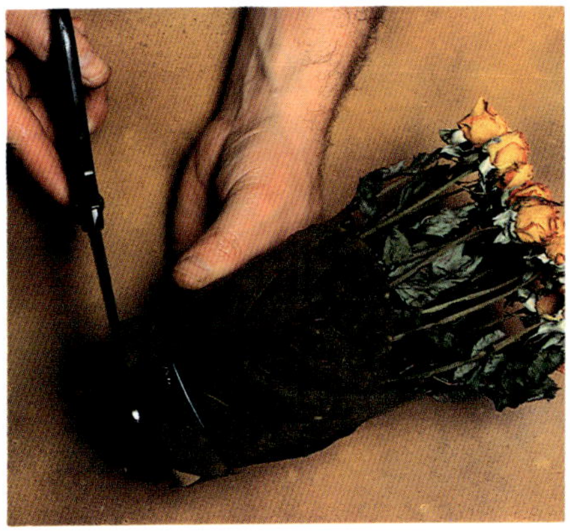

7 Recoupez les feuilles de raisinier à la base pour que le bouquet soit bien stable.

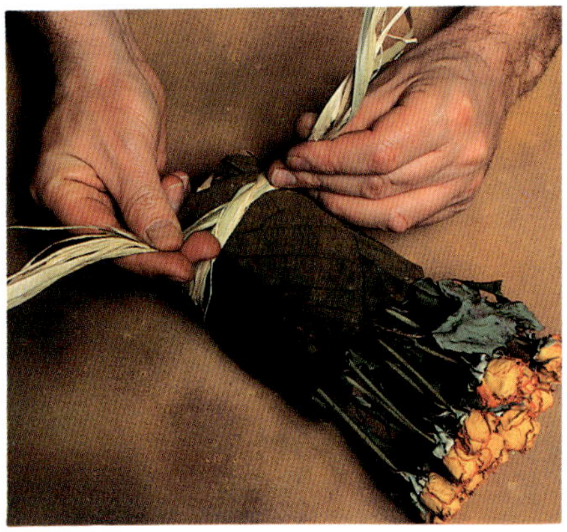

8 Nouez quelques brins de raphia autour de la base pour masquer le fil de fer. S'il n'y a pas assez de feuilles de roses pour cacher la mousse synthétique, bouchez les trous avec de la mousse végétale.

PANIER RUSTIQUE

Voici un panier rustique classique garni d'un assortiment des meilleures fleurs séchées. Il est réalisable dans toute une palette de couleurs, mais avec sa belle tonalité sombre qui rappelle le meilleur de l'été tout en donnant un avant-goût de l'hiver. Celle que nous vous proposons change un peu des éternelles compositions automnales orangées. Pour que votre composition ait un air d'automne plus traditionnel, il suffit d'y ajouter un peu de jaune (*Alchemilla mollis* par exemple) et quelques feuilles de chêne brun foncé. Choisissez enfin un panier assez sombre et rustique, et évitez les vanneries trop légères pour ce type de décor.

Fournitures :
bloc de mousse synthétique sèche de fleuriste
grand panier rond ou ovale
Tillandsia et/ou paille
pieds-d'alouette
amarantes rouges
origan
chardons bleus des Alpes
roses rouges
pivoines
tiges de fil de fer
épingles de fleuriste

Outils :
couteau bien aiguisé
sécateur
pince

1 Avec le couteau, recoupez le bloc de mousse pour qu'il épouse la forme du panier. Laissez au moins 2,5 cm (1 po) entre le haut du panier et la mousse. Si le panier est très profond, vous devrez laisser les tiges de vos fleurs plus longues. Masquez la mousse synthétique avec de la paille ou de la mousse végétale.

2 Séparez les bottes de fleurs et recoupez les tiges à 25 cm (10 po) de longueur environ. Mettez en tige les fleurs, en bouquets séparés, en commençant par les moins fragiles. Piquez-les dans la mousse en dessinant avec chaque variété un S qui parcoure la surface du panier d'un côté à l'autre.

3 Continuez à garnir le panier en gardant les roses et les pivoines pour la fin. L'objectif est de créer une composition bien fournie, les différentes variétés semblant se fondre les unes dans les autres sans séparation marquée.

4 Ajoutez ensuite les roses et les pivoines en les répartissant régulièrement.

5 Terminez en masquant du mieux possible la mousse synthétique et les tiges des fleurs avec de la mousse végétale fixée sur la bordure du panier avec des épingles de fleuriste. Laissez-la pendre sur les bords pour donner de la douceur à l'ensemble.

CORBEILLE FLEURIE AUX COULEURS D'AUTOMNE

Voici une pièce superbe confectionnée avec un bel assortiment de matériaux qui ne faneront pas de sitôt. Le seul élément dont la couleur est éphémère est la mousse verte des bois, mais il est facile de la remplacer. Veillez à bien répartir les différentes variétés pour que la corbeille soit équilibrée. Si nous avons utilisé un pistolet à colle pour fixer quelques éléments, tous auraient pu néanmoins être mis en tige et piqués. Tout dépend du temps dont vous disposez.

Fournitures :
support circulaire en cuivre pour couronne
sphaigne
bobine de fil de fer
corbeille ronde
tiges de fil de fer
eucalyptus
Plumosum
roses rouges
marjolaine
grenades
hortensia
mousse verte des bois
épingles de fleuriste

Outils :
pince
sécateur
pistolet à colle

PETITES ASTUCES

Cette corbeille a toujours sa place dans une maison : vide, elle est déjà décorative, et vous pouvez la transformer rapidement en un ravissant centre de table en la garnissant de fruits ou de friandises. Vous pouvez également y disposer quelques pots contenant des bougies, mais attention de ne pas les placer trop près des fleurs séchées.

1 Aplatissez une couronne en cuivre et couvrez-la de sphaigne que vous fixez avec du fil de fer en bobine (voir la Couronne automnale aux bougies, page 86). Fixez la couronne sur la bordure de la corbeille à l'aide de tiges de fil de fer. Si vous ne trouvez pas de support en cuivre de la bonne taille, confectionnez à la place une guirlande de corde couverte de mousse. Divisez la couronne en quatre quarts et consacrez un quart des ingrédients à chacun. Recoupez l'eucalyptus et confectionnez des bouquets à lien central, puis piquez l'extrémité des tiges de fil de fer dans la mousse en orientant toujours les bouquets de l'extérieur vers l'intérieur.

2 Recoupez les roses et la marjolaine et confectionnez des bouquets à lien central. Ajoutez-les en les croisant entre eux et avec l'eucalyptus. N'oubliez pas de garnir les bords intérieur et extérieur de la couronne.

3 Collez les grenades ou bien percez-les et fixez-les avec une tige de fil de fer. Mettez en tige quelques bouquets d'hortensias et piquez-les dans la mousse.

4 Coupez les tiges des *Plumosum* au ras des fleurs et collez celles-ci par groupes de deux ou de trois pour qu'elles ressortent davantage.

5 Comblez les trous avec de la mousse verte des bois fixée avec des épingles de fleuriste. Vérifiez que les bords intérieur et extérieur de la couronne sont bien garnis.

RONDS DE SERVIETTE

Presque toutes les grandes feuilles prétraitées pour la conservation permettent de confectionner ces ronds de serviette. Un peu de teinture a souvent été ajoutée au produit utilisé pour les traiter, ce qui risque de laisser une trace sur le linge. Avant de travailler les feuilles, faites donc un essai en les frottant doucement avec un tissu (ce sont bien sûr les feuilles sombres qui posent le plus de problèmes). Vous pouvez également prendre des feuilles séchées, mais elles sont souvent fragiles et ne dureront pas longtemps.

Fournitures :
feuilles de raisinier
roses rouges
mousse verte des bois

Outils :
pistolet à colle
sécateur

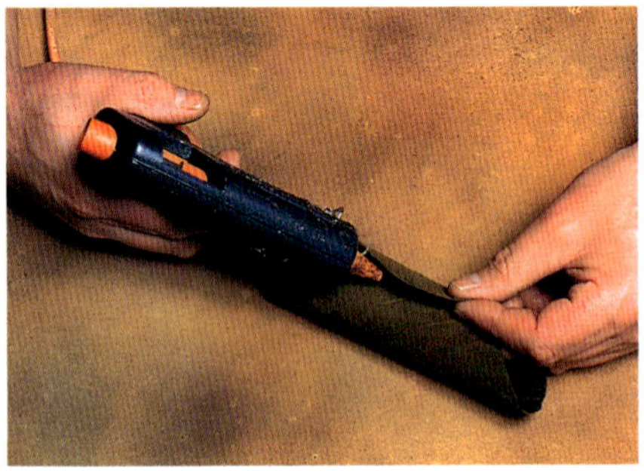

1 Enroulez une feuille de façon à obtenir un tube, collez le bord, tenez-le un instant.

2 Collez la feuille en forme de tube sur une feuille plate le long de sa nervure centrale. Choisissez deux feuilles approximativement de même longueur.

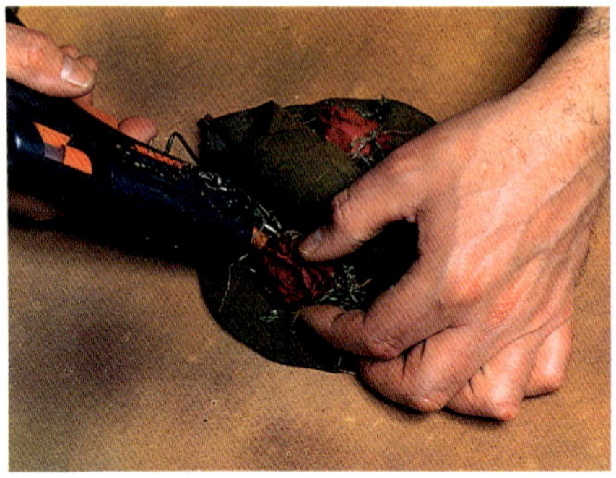

3 Collez une rose rouge de chaque côté de la feuille roulée. Si les roses sont petites, collez-en plus de deux ou bien passez-les à la vapeur pour qu'elles prennent du volume.

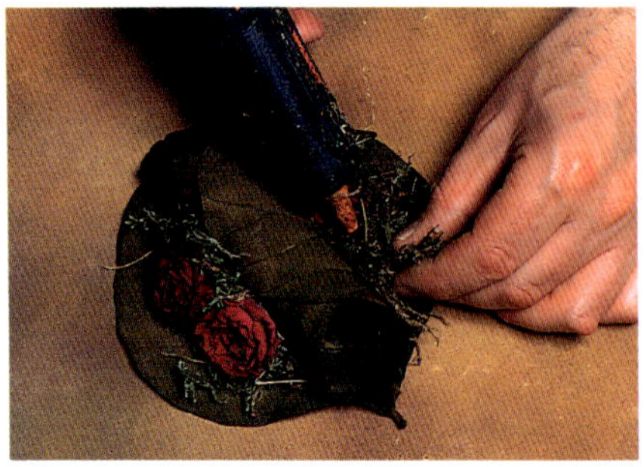

4 Terminez la décoration en collant un peu de mousse.

BOÎTE GARNIE DE FEUILLES D'AUTOMNE

Voici une façon de transformer radicalement une simple boîte en carton. Vous pouvez créer un centre de table original en la garnissant uniquement de friandises. Nous avons choisi ici une variante plus décorative, aux couleurs chaudes, très élégante sur une console ou un bahut en bois sombre. Si vous en faites un centre de table, remplissez-la par exemple de dragées ou de fruits confits. La bougie n'est pas obligatoire, mais elle donnera une note magique à un assortiment de douceurs exotiques.

Fournitures :
bloc de mousse synthétique sèche de fleuriste
boîte en carton
assortiment de feuilles séchées ou traitées pour la conservation
raphia
Cladonia rangiferina
bougie
assortiment de noix et autres fruits secs
piments séchés
tiges de fil de fer

Outils :
couteau
pistolet à colle
ciseaux

1 Recoupez le bloc de mousse pour qu'il épouse la forme de la boîte. Enduisez sa base de colle et collez-le au fond de la boîte. Ainsi, celle-ci ne se déformera pas.

2 Etalez un peu de colle au dos de chacune des feuilles et appliquez-les fermement sur les côtés de la boîte. Si les feuilles ne sont pas assez grandes pour couvrir toute la hauteur de la boîte, collez une première rangée le long du bord supérieur, en les faisant bien dépasser, puis faites chevaucher une deuxième rangée en dessous.

3 Nouez quelques brins de raphia autour de la boîte.

4 Recoupez toutes les feuilles au ras de la base de la boîte pour qu'elle soit bien stable. Attention de ne pas les fendre en les recoupant avec les ciseaux.

5 Disposez un peu de *Cladonia rangiferina* sur la mousse synthétique, en laissant libre le centre de la boîte.

6 Plantez la bougie au centre du bloc de mousse, puis retirez-la, mettez un point de colle dans le trou et remettez-la en place. N'oubliez pas de coller la bougie neuve lorsque la première devra être remplacée.

7 Disposez tous les ingrédients dans la boîte, en faisant en sorte que l'on en voie un assortiment varié. Gardez les plus beaux, comme les oranges séchées, pour la fin.

8 Confectionnez de petits bouquets de piments à lien central, et piquez l'extrémité des tiges de fil de fer dans la mousse, entre les fruits secs. Deux ou trois bouquets suffisent selon la taille de la boîte.

GUIRLANDE AUTOMNALE DE FLEURS ET DE TISSU

Lorsque vous confectionnez une composition avec du tissu, il est extrêmement important de savoir où vous allez l'installer afin d'assortir la couleur du tissu et des fleurs avec le décor. Nous vous proposons ici une guirlande idéale pour une entrée ou un salon. Les pots en terre lui donnent un air rustique, mais vous pouvez bien sûr les supprimer. Un chintz pastel et des fleurs d'été (solidago jaune, origan, roses jaune pâle et un peu de lavande bleu clair par exemple) donneront une guirlande plus romantique. Essayez également un mélange de roses rose foncé, de marjolaine, de pieds-d'alouette roses et de lavande. Enfin, si votre guirlande comporte des pots en terre, vous pouvez soit les laisser vides, soit les garnir de petits bouquets d'autres fleurs ou de fruits d'automne (marrons, pommes de pin et noix par exemple).

Fournitures :
grillage à poule
sphaigne
tiges de fil de fer
pots de fleurs en terre
tissu
épingles de fleuriste
lavande
roses
pivoines
mousse verte des bois

Outils :
sécateur
pince
ciseaux
pistolet à colle

1 Préparez une guirlande en grillage à poule de 10 cm (4 po) de largeur, 2,5 cm (1 po) d'épaisseur et 70-90 cm (2-3 pieds) de longueur. Fixez-y des pots de fleurs en argile en passant une tige de fil de fer dans le trou situé à la base des pots puis dans le grillage et en torsadant les bords avec une pince.

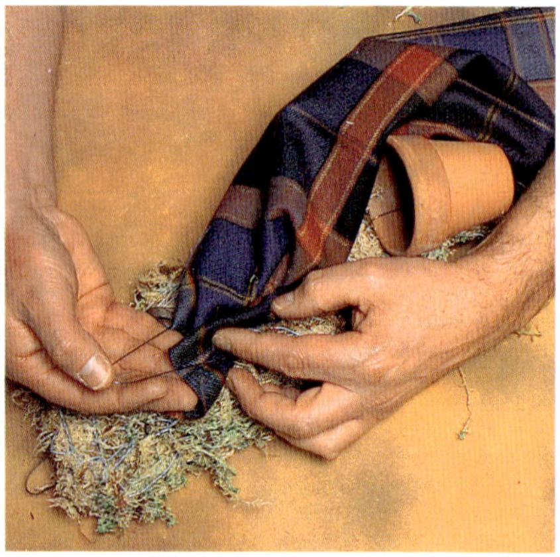

2 Pliez une bande de tissu en trois dans le sens de la longueur de façon à obtenir un ruban de 10 cm (4 po) de large environ. Froncez un bout du tissu et fixez-le en haut de la guirlande avec une épingle de fleuriste. Enveloppez la guirlande avec le tissu en le faisant passer autour des pots et en le laissant assez lâche. Fixez-le au support tous les 15 cm (6 po) environ avec une épingle de fleuriste. Arrangez-vous pour que les bords coupés du tissu soient toujours à l'arrière. Une fois le tissu fixé, retravaillez-le depuis le haut et donnez-lui sa forme définitive. Froncez la partie inférieure, glissez-la sous le dernier pot de fleurs et épinglez-la.

3 Faites un beau nœud dans le même tissu et fixez-le en haut de la guirlande à l'aide du pistolet à colle. Coupez les tiges des roses et de la lavande à 15 cm (6 po), et confectionnez des bouquets à lien central. Piquez chaque bouquet dans le support, les fleurs couvrant un peu le tissu. Procédez ainsi en croisant les bouquets pour garnir le grillage et la mousse. Coupez les tiges des pivoines au ras des fleurs et collez celles-ci sur toute la longueur de la guirlande. Bouchez les trous avec de la mousse vert foncé.

THE IDLER
1878

COURONNE AUTOMNALE AUX BOUGIES

Comme il est assez rare de trouver des supports circulaires plats, nous vous expliquons ici comment aplatir une couronne en cuivre classique. Les pots de fleurs ne sont pas absolument nécessaires, mais les bougies allumées sont tellement magiques ! Mais surveillez-les. On trouve la plupart des matériaux dans la campagne ou prétraités dans les boutiques spécialisées.

Fournitures :
support circulaire en cuivre
mousse synthétique sèche de fleuriste
4 pots de fleurs
sphaigne
bobine de fil de fer
feuilles de chêne prétraitées
tiges de fil de fer
bouquets de brindilles
capsules d'eucalyptus
champignons
pommes de pin
mousse verte des bois
épingles de fleuriste
4 bougies

Outils :
pistolet à colle
pince
sécateur

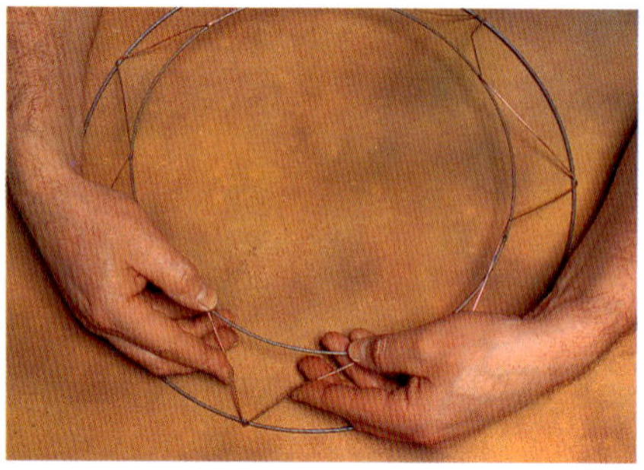

1 Pour aplatir un support circulaire en cuivre classique, repoussez les côtés des « triangles » métalliques l'un vers l'autre. Cela tire l'anneau central vers le bas et aplanit donc la couronne.

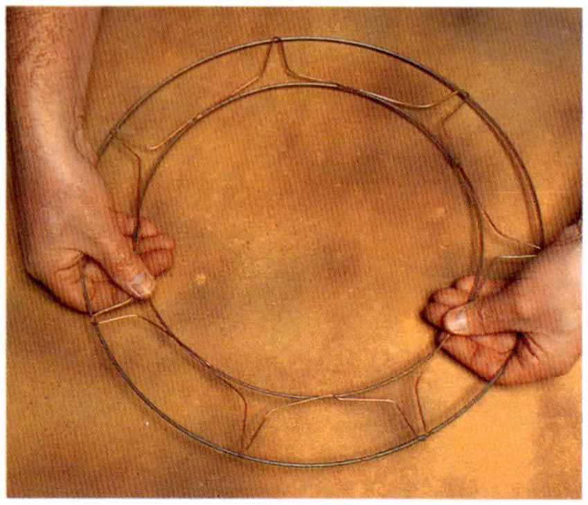

2 Posez le support sur le plan de travail et aplatissez-le complètement avec les doigts.

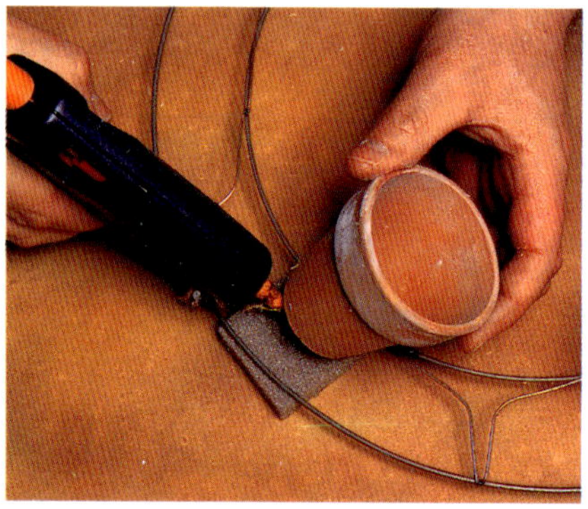

3 Collez ensuite un petit bloc de mousse posé sous le support à un des pots de fleurs en faisant en sorte qu'au moins un fil de cuivre passe au centre de la mousse, quitte à le tordre un peu. Fixez ainsi les quatre pots de façon symétrique.

(suite page 88)

4 Quand la colle a pris, enveloppez le support en cuivre d'une couche de sphaigne de 2,5 cm (1 po) d'épaisseur, que vous maintenez avec du fil de fer en bobine. Surveillez la base de l'anneau et vérifiez que la mousse synthétique et le contour des pots sont bien garnis de sphaigne.

5 Confectionnez des bouquets à lien central avec les feuilles de chêne prétraitées, puis glissez la tige de fil de fer dans la base en sphaigne. La tige ne doit pas traverser le support mais courir le long de l'anneau. Garnissez de chêne toutes les sections entre deux pots de fleurs.

6 Répétez l'opération avec les bouquets de brindilles, en fixant un bouquet à côté de chacun des pots de fleurs.

7 Fixez ensuite un second bouquet de brindilles qui croise le premier. Si la tige de fil de fer n'est pas assez longue pour que le bouquet tienne bien, collez-le à l'aide du pistolet.

8 Ajoutez tous les autres ingrédients de la même façon, en les collant ou en piquant la tige de fil de fer qui les lie. Garnissez bien la couronne. L'objectif est de reproduire l'ambiance des sous-bois. Bouchez enfin les trous éventuels avec de la mousse vert foncé, sans oublier les bords de la couronne. Mettez une bougie dans chacun des pots que vous garnissez de mousse végétale pour les caler fermement.

VARIANTE POUR LA COURONNE AUTOMNALE AUX BOUGIES

Des bougies enveloppées dans des feuilles décorent superbement une table dressée ou un meuble bas, surtout si elles sont disposées en petits groupes. Mettez une pointe de colle au dos de chaque feuille, près de la base et appuyez fermement sur le côté de la bougie. Vous pouvez aussi utiliser de l'adhésif double-face pour coller la feuille sur la bougie. Nouez quelques brins de raphia bien serrés autour des feuilles et coupez la base avec des ciseaux pour que la bougie soit bien stable. Nous avons utilisé ici des feuilles de magnolia traitées pour la conservation. Bien qu'elles soient déjà assez foncées naturellement, elles ont

été teintées de façon à arborer une belle couleur bordeaux.

Evitez de prendre des bougies trop fines car elles brûlent très vite. Choisissez des bougies de 8 cm (3 po) de diamètre au minimum et de 15 cm (6 po) de hauteur environ. Lorsque la flamme atteint le haut des feuilles, posez la bougie sur une soucoupe pour que la cire chaude qui s'écoule le long de la feuille n'abîme pas votre meuble. La bougie brûlera sans problème au centre de la feuille mais par mesure de sécurité ne la laissez jamais se consumer sans surveillance. Lorsqu'il ne reste plus que 2,5 cm (1 po) de bougie au fond du manchon végétal, soufflez-la et retirez la feuille.

L'hiver

Bien qu'il soit alors difficile de se procurer bon nombre de fleurs d'été, il est encore possible de créer en hiver une multitude de compositions. Associé à des roses et des amarantes aux couleurs sombres, le sapin bleu (épicéa) permet par exemple de confectionner de superbes arrangements.

PETIT EUCALYPTUS

Si vous confectionnez une topiaire avec de l'eucalyptus traité pour la conservation, vos efforts seront bien récompensés. En effet, vous pourrez le conserver très longtemps et profiter ainsi de son parfum, très fort au début puis de plus en plus subtil. L'eucalyptus est généralement vendu en bottes de 30 cm (12 po) de long minimum. Vous devrez donc recouper les tiges aussi près des feuilles que possible, en veillant à ne pas abîmer le feuillage, car on ne doit voir aucune tige nue dans la composition. Pour obtenir une topiaire bien fournie, confectionnez aussi de petits bouquets d'eucalyptus et piquez leur fil de fer dans la boule, entre les tiges d'eucalyptus, pour bien cacher la mousse.

Fournitures :
pot de fleurs en terre
pâte à modeler durcissant à l'air
tronc d'arbre de 38 cm (15 po) de long environ
boule de mousse synthétique sèche de fleuriste de 15 cm (6 po) de diamètre environ
Cladonia rangiferina
épingles de fleuriste
8-10 bottes d'eucalyptus

Outils :
sécateur
pistolet à colle

1 Préparez une base de topiaire, puis fixez avec des épingles de fleuriste la mousse végétale sur le dessus du pot de fleurs, tout autour de la base du tronc d'arbre. Laissez sécher et durcir la base pendant au moins dix heures. Pour une topiaire plus grande dans un pot plus gros, comptez jusqu'à deux jours de séchage. Si la pâte à modeler est déjà durcie avant que vous ajoutiez la mousse, collez-la au lieu de la fixer avec des épingles.

2 Coupez l'eucalyptus en morceaux de 10 cm (4 po) de long environ, en retirant les feuilles du bas de façon à pouvoir enfoncer 2,5 cm (1 po) de tige dans la boule de mousse. Piquez les brins l'un après l'autre en tenant la boule de mousse du côté opposé pour qu'elle ne se décolle pas du tronc.

3 Continuez ainsi jusqu'à ce que la boule de mousse soit entièrement couverte d'eucalyptus. N'oubliez pas de reculer de quelques pas de temps en temps pour vérifier la régularité de votre travail.

PETITES ASTUCES
Résistez à la tentation de vaporiser la topiaire de laque à cheveux. En effet, si cela rehausse la couleur des feuilles, cela supprime par la même occasion leur joli mouchetage blanc.

PETIT ARBRE DE LAURIER ET DE MARJOLAINE

Ce projet fait essentiellement intervenir des plantes aromatiques. L'origan conserve longtemps sa couleur, même en pleine lumière. Si vous trouvez des feuilles de laurier fraîches, utilisez-les : elles sécheront petit à petit sur la composition. Bien que les différents ingrédients soient ajoutés par bloc, il est bon de mélanger quelques brins de chaque variété à la masse pour lier le tout.

Fournitures :
pot de fleurs en terre
pâte à modeler durcissant à l'air
tronc d'arbre de 38 cm (15 po) de longueur environ
boule de mousse synthétique sèche de fleuriste de 15 cm (6 po) de diamètre environ
Cladonia rangiferina
épingles de fleuriste
8 - 10 bottes de marjolaine
tiges de fil de fer
laurier
origan
bouquets de brindilles

Outils :
sécateur
pistolet à colle
pince

1 Préparez une base de topiaire, puis fixez avec des épingles de fleuriste la mousse végétale sur le dessus du pot de fleurs. Laissez durcir la base pendant au moins dix heures. Pour une topiaire plus grande dans un pot plus gros, comptez deux jours de séchage. Si la pâte est déjà durcie avant que vous ajoutiez la mousse, collez-la au lieu de la fixer avec des épingles.

PETITES ASTUCES

Confectionnez des bouquets réguliers, tous de la même longueur, cela vous facilitera la tâche et vous permettra d'obtenir un élément floral bien rond. Lorsque votre topiaire aura l'air un peu fatiguée, vaporisez-la de laque à cheveux, ce qui rehaussera la couleur du laurier et des autres végétaux.

2 Confectionnez des bouquets de marjolaine de 10 cm (4 po) de long maximum et mettez-les en tige. Piquez-les l'un après l'autre dans la boule de mousse en tenant toujours le côté opposé de la boule pour qu'elle ne se décolle pas du tronc sous la pression. N'oubliez pas de reculer de quelques pas de temps en temps pour vérifier la régularité de votre travail.

3 Continuez jusqu'à ce que la boule de mousse soit couverte de marjolaine.

4 Coupez les branches de laurier verticalement pour obtenir des brins avec une feuille ou deux. Mettez-les en tige, en bouquets séparés, ou laissez-les libres. Mettez en tige de petits bouquets d'origan. Retournez la topiaire et piquez le laurier et l'origan dans la mousse à la base du tronc. Entourez les bouquets de brindilles d'une tige de fil de fer et piquez-les dans la composition.

COURONNE DE POMMES DE PIN

Attention de ne pas casser les branches de mélèze en confectionnant cette composition hivernale. Laissez quelques branches un peu plus longues pour qu'elles dépassent de la couronne et lui donnent une forme intéressante, et mettez davantage de matériaux dans la partie inférieure de la composition pour la stabiliser. N'oubliez pas de rentrer toutes les extrémités coupantes des tiges de fil de fer à l'intérieur de l'ouvrage pour ne pas rayer le support. Vous pouvez suspendre la couronne à l'extérieur, car tous les ingrédients, même les piments, résistent assez bien aux intempéries.

Fournitures :
support circulaire en cuivre
branches de mélèzes avec cônes
tiges de fil de fer
pots de fleurs en terre
mousse verte des bois
peinture dorée en bombe (facultatif)
corde ou raphia

Outils :
sécateur
pince
pistolet à colle

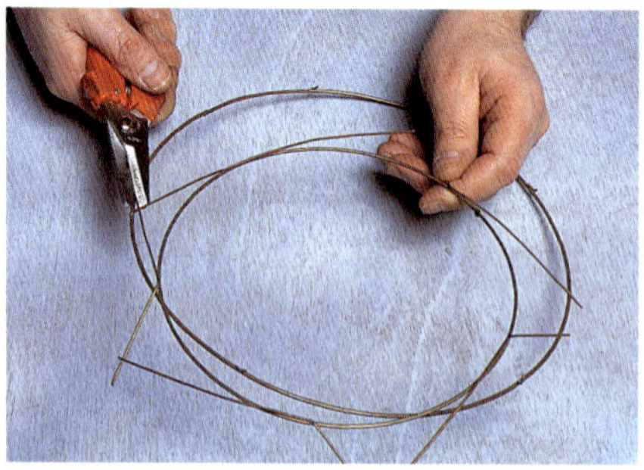

1 Coupez les tiges transversales du support en cuivre et jetez-les. Coupez-les au ras des anneaux ou bien retirez-les avec la pince pour qu'il ne reste pas d'aspérité coupante. Choisissez l'un des deux anneaux en fonction de la taille que vous souhaitez.

2 Attachez une branche de mélèze à l'anneau avec une courte tige de fil de fer, le plus près possible d'une extrémité de la branche. Courbez ensuite délicatement la branche pour qu'elle épouse la forme de l'anneau et attachez-la à l'autre bout.

3 Continuez ainsi jusqu'à ce que l'anneau soit entièrement recouvert de mélèze. Si les branches sont petites ou fines, fixez-en plusieurs à la fois en croisant leurs extrémités.

4 Attachez deux pots de fleurs en terre à la couronne en passant une tige de fil de fer dans le trou situé au fond des pots et en torsadant les deux extrémités de la tige. Vous pouvez ajouter les pots avant ou après les branches de mélèze.

5 Confectionnez trois bouquets de piments à lien central et fixez-les comme les pots. Repliez les extrémités des tiges de fil de fer dans l'ouvrage. Collez des petits morceaux de mousse verte sur l'anneau pour masquer le fil de fer. Vaporisez légèrement la couronne de peinture dorée. Terminez par un nœud en corde ou en raphia.

DÉCOR DE CHEMINÉE D'HIVER

Les matériaux utilisés pour confectionner cette superbe guirlande créent une merveilleuse ambiance hivernale. Utilisez l'épicéa frais, il constituera une base souple pour les autres végétaux. Il séchera petit à petit, mais se conservera pendant des mois si l'atmosphère est sèche. N'en mettez pas trop, moins en tout cas que pour une guirlande de Noël. Comme elle tiendra tout l'hiver, elle pourra s'ajouter à vos décorations de Noël, surtout si vous l'agrémentez de quelques éléments festifs comme de beaux rubans rouges et des pommes de pin dorées. Si vous la suspendez dans votre cheminée, attention, tenez-la à l'écart du feu !

Fournitures :
corde
amarantes rouges
marjolaine
Banksia serrata
sapin bleu (épicéa)
bobine de fil de fer
tiges de fil de fer
pommes de pin
piments
Bell cups
oranges séchées
roses rouges
lavande
mousse verte des bois
épingles de fleuriste

Outils :
sécateur
pince
pistolet à colle

1 Coupez deux longueurs de corde et faites une boucle à chaque extrémité pour pouvoir les suspendre. Séparez et nettoyez les bottes d'amarantes, de marjolaine, de *Banksia serrata* et d'épicéa et faites un tas de chaque matériau. Confectionnez de petits bouquets que vous attachez à la corde avec du fil de fer en bobine, en changeant de variété à chaque fois. Travaillez en zigzag en comblant tout l'espace le long du bord inférieur de la guirlande. Continuez ainsi sur toute la longueur des deux cordes en répartissant bien les matériaux.

2 Mettez en tige les ingrédients restants et disposez-les sur les deux longueurs de corde. Vous pouvez coller les pommes de pin, les oranges et les *Bell cups*, ou bien les mettre en tige comme les roses et la lavande et les piquer dans la guirlande. Bouchez les trous avec de la mousse végétale que vous fixez avec des épingles ou bien que vous collez.

PETITES ASTUCES

Confectionnez la guirlande en plusieurs parties. Il est plus facile de garnir chaque section séparément. De plus, en essayant de courber la guirlande pour lui donner sa forme, vous risquez de faire apparaître des trous difficiles à boucher. Enfin, lorsque l'on travaille avec un grand nombre d'ingrédients, il est fréquent d'en oublier ; vérifiez donc souvent votre travail.

Variante pour centre de table d'hiver

Pour cette variante, on a remplacé les pommes de pin par des grenades, des piments rouges, des roses rouges, des bâtons de cannelle et des pots en terre cuite ; l'écossais vert bleu par un rouge. Une cordelette dorée passée autour des bougies donne une chaleureuse note hivernale. S'il vous faut un très grand centre de table, collez plusieurs blocs de mousse ensemble pour former la base. Ne vous contentez pas de poser les pots de bougies sur la mousse, fixez-les : pour ce faire, plantez un morceau de tuteur de 7 cm (3 po) de long environ dans la mousse, en laissant dépasser 1 cm (1/2 po). Enduisez de colle la mousse située à la base du tuteur, enfilez le pot sur le tuteur, appuyez et laissez sécher. Garnissez les pots de mousse synthétique et végétale pour bien caler les bougies, ou bien collez-les.

Caissette en bois avec bougie

Une simple caissette en bois, un petit assortiment de feuillages et fruits des bois, une bougie, et le tour est joué. Vous pourrez compléter à volonté cette composition avec les trésors que vous rapporterez de vos promenades hivernales. À part le pot contenant la bougie, rien n'est fixé : il est donc très facile de varier la disposition des ingrédients. Le concept s'adapte à toutes les saisons et à tous les milieux : vous pouvez par exemple en faire un décor marin en garnissant la caissette de galets, de coquillages et d'étoiles de mer, ou bien un centre de table d'été en y déposant plusieurs bougies et un bel assortiment de fruits frais.

Fournitures :
bloc de mousse synthétique sèche de fleuriste
mousse verte des bois
épingles de fleuriste
caissette en bois
pots de fleurs en terre cuite
assortiment de mousses végétales, de champignons, de pommes de pin, de noix et autres fruits des bois (cônes de magnolia par exemple)
bougie
ruban adhésif de fleuriste

Outils :
couteau
pistolet à colle

PETITES ASTUCES

Vous obtiendrez un résultat complètement différent en changeant la couleur de la caissette, mais tenez-vous en à des couleurs que l'on trouve dans la nature, comme le vert ou le bleu, car elles s'harmonisent mieux avec les matériaux naturels. Pour garnir un rebord de fenêtre profond, deux caissettes de ce type feront l'affaire. Evitez les matériaux de teinte pâle qui faneront vite à la lumière. Surveillez la bougie lorsqu'elle est allumée.

1 Coupez le bloc de mousse de façon qu'il occupe un tiers de la caissette. Si celle-ci est ajourée, garnissez les côtés du bloc de mousse végétale fixée avec des épingles de fleuriste ou de la colle.

2 Enduisez de colle la base du bloc de mousse synthétique ou le fond de la caissette.

3 Appuyez fermement le bloc sur le fond de la caissette, dans un coin. Faites ressortir un peu de mousse végétale par les côtés. Maintenez le bloc appuyé jusqu'à ce que la colle ait séché.

4 Garnissez le reste du bloc de mousse végétale, en laissant suffisamment de place pour coller le pot en terre.

5 Collez le pot fermement sur le bloc de mousse et masquez le reste de mousse synthétique avec de la mousse végétale.

6 Tapissez le reste de la caissette de mousse végétale, en conservant les touffes les plus intéressantes pour le dessus. Remplissez la caissette de pommes de pin, noix, champignons, etc. Collez enfin une bougie au fond du pot, ou bien fixez-la en la montant sur des tiges de fil de fer.

Noël

Noël est par excellence la saison des décorations,
tant pour la maison que pour les cadeaux.
Voici quelques idées de composition
qui reflètent bien cette période de fêtes.

DÉCOR DE NOËL AUTOUR D'UNE BOUGIE

Cette composition a été conçue pour illustrer les belles couleurs sombres de Noël ainsi que la multitude de friandises à laquelle on associe cette période de l'année. Vous pouvez renforcer ce sentiment d'abondance en vaporisant l'arrangement de laque à cheveux, puis très légèrement d'un voile de peinture dorée. Collez un nœud en tissu doré autour du pot et choisissez enfin une bougie parfumée aux épices.

Fournitures :
bloc de mousse synthétique sèche de fleuriste
pot de fleurs en terre
bougie de 8 x 13 cm (3 x 5 po)
épingles de fleuriste
ruban adhésif de fleuriste
paille
tiges de fil de fer
amarantes rouges
pommes de pin
feuilles de magnolia
Banksia serrata
Bell cups
brindilles
piments
lavande
oranges
bâtons de cannelle
champignons
mousse végétale
raphia

Outils :
couteau
pistolet à colle
sécateur

PETITES ASTUCES

Cette composition a été réalisée dans un pot en terre ancien, que l'on a maintenant du mal à se procurer. Vous pouvez en revanche recréer le même effet à partir d'un pot neuf sur lequel vous appliquez un peu de teinture à bois au pinceau. Attention, le fond des pots en terre risque de rayer vos meubles si vous oubliez de les protéger. Surveillez votre bougie et nettoyez-la régulièrement pour que la cire chaude ne se déverse pas d'un coup sur la composition, ou pire encore sur votre table.

1 Recoupez le bloc de mousse synthétique pour qu'il entre juste dans le pot de fleurs. Collez la bougie au bloc de mousse, ou bien fixez-la en la montant sur des tiges de fil de fer. Enfoncez le bloc dans le pot. Mettez en tige les végétaux et commencez à les piquer dans la mousse, en veillant à bien équilibrer la composition. Disposez donc les ingrédients en commençant par les plus gros et en alternant les côtés.

2 Ajoutez ensuite les matériaux plus petits comme les piments, les oranges, les bouquets de bâtons de cannelle, la lavande, etc. de façon à combler les espaces libres entre les gros éléments. Masquez les derniers centimètres de mousse synthétique avec de la mousse végétale fixée avec un pistolet à colle ou des épingles de fleuriste. N'abusez pas de la mousse végétale pour garnir votre composition, car celle-ci perdrait alors son allure de Noël. Mais garnissez-en la base de la bougie pour cacher les fixations.

Variante pour le décor aux bougies

Bien que ce projet ne ressemble pas du tout au décor de Noël de la page précédente, la méthode de base est presque la même, sans la bougie. Au lieu de mettre un bloc de mousse synthétique dans le panier, garnissez de mousse végétale un carré de grillage à poule et donnez-lui une forme sphérique. Enfoncez-le ensuite dans la vannerie. Vous pouvez aussi mélanger à la mousse végétale des chutes de mousse synthétique. Mettez en tige les matériaux ou bien confectionnez des bouquets à lien central. Piquez-les en partant du bord du panier. Faites en sorte qu'ils pendent un peu sur les côtés de la vannerie pour équilibrer le décor. Travaillez d'un côté du panier à l'autre jusqu'à ce qu'il soit entièrement garni. Ajoutez les piments et les oranges en dernier pour que leur couleur vive ne déséquilibre pas la composition. Nous avons utilisé ici des ingrédients assez exotiques, mais vous obtiendrez de bons résultats en prenant des pommes de pin et des noix. Une fois la composition terminée, vaporisez-la généreusement de laque à cheveux pour en faire ressortir les belles couleurs boisées et éviter que la poussière ne s'incruste. Pour Noël, vaporisez légèrement la composition d'un voile de peinture dorée.

BOUGEOIR AUX ARTICHAUTS

Choisissez des artichauts au fond assez plat, car toutes les compositions comportant des bougies doivent être très stables. Bien qu'il convienne à de nombreux emplacements, ce projet est parfait pour une table dressée, surtout si vous attribuez un bougeoir à chacun des convives. On a ici entouré la bougie d'un cordon doré qui rappelle la base, dorée elle aussi, mais il est possible de choisir d'autres combinaisons de couleurs : des artichauts vaporisés de peinture blanche, avec une bougie garnie de blanc et un assortiment de mousse verte des bois et de grenades peintes en blanc donneront par exemple un beau centre de table hivernal.

Fournitures :
gros artichaut
peinture dorée en bombe
pique-bougie en plastique
mousse verte des bois
épingles de fleuriste courtes
pommes de pin
tiges de fil de fer
bouquets de brindilles
bâtons de cannelle
bougie

Outils :
pistolet à colle
pince
sécateur

1 Vaporisez l'artichaut de peinture dorée. Quelques minutes plus tard, mettez de la colle au cœur de l'artichaut et enfoncez le pique-bougie dans la colle encore molle.

2 Garnissez le dessus de l'artichaut de mousse que vous fixez avec des épingles de fleuriste. Faites en sorte de couvrir les côtés du pique-bougie, mais pas le trou.

3 Collez un joli assortiment de pommes de pin ou bien mettez-les en tige et piquez-les dans la mousse.

4 Vous pouvez terminer la composition de diverses façons : avec des bouquets à lien central composés de brindilles, de bâtons de cannelle ou, comme ici, de pommes de pin sur une branche. Placez enfin la bougie dans le pique-bougie.

BOUGEOIR EN SAPIN BLEU

L'association de sapin bleu, de roses et de pommes de pin donne un splendide centre de table de Noël. L'épicéa est utilisé très frais pour profiter de son merveilleux parfum. Avec le temps, la bonne odeur s'estompera mais les aiguilles vert pâle fonceront légèrement, ce qui rendra la composition encore plus jolie.

Fournitures :
mousse synthétique sèche de fleuriste
bougie
pot de fleurs en terre
ruban adhésif de fleuriste
épingles de fleuriste
paille
sapin bleu (épicéa)
Cladonia rangiferina
pommes de pin
tiges de fil de fer
roses
Bell cups
champignons

Outils :
couteau
sécateur
pince

PETITES ASTUCES

Le pot de fleurs en terre utilisé dans cette composition a été teinté avec une teinture foncée, pour qu'il soit assorti à la table en bois. De plus, on a mis de la feutrine dessous pour éviter de rayer les meubles. Vous pouvez aussi réaliser ce bougeoir dans une vannerie de couleur foncée, mais choisissez-en une bien stable qui ne risque pas de se renverser.

Ne collez jamais les bougies fines car il faut les remplacer souvent. Reportez-vous au chapitre sur les techniques de base pour voir comment fixer une bougie avec du ruban adhésif, afin de pouvoir la changer plus rapidement.

Vous pouvez utiliser d'autres matériaux : bouquets de lavande, de bâtons de cannelle ou fruits séchés comme les oranges ou les citrons.

1 Garnissez le pot de fleurs de mousse synthétique, calez-la avec de la paille et fixez-y une bougie. Coupez le sapin et formez des tas en fonction de la taille des morceaux. Piquez les plus gros en premier, en commençant à la base de la mousse, en les inclinant légèrement vers le bas. Retirez les aiguilles sur 5 à 8 cm (2-3 po) pour pouvoir insérer la tige plus facilement et éviter d'éparpiller les aiguilles. Mettez en tige les plus petits morceaux pour les rigidifier ou les rallonger.

2 Travaillez tout autour du pot, puis passez aux morceaux de la taille immédiatement inférieure et ajoutez une rangée au-dessus de la précédente. Continuez ainsi jusqu'aux derniers morceaux que vous piquez tout autour de la bougie, en veillant néanmoins à laisser suffisamment de place à la base.

3 Bouchez les trous avec de la mousse fixée avec des épingles de fleuriste. Mettez beaucoup de mousse autour de la base de la bougie pour cacher les fixations. Mettez en tige les roses, en bouquets séparés. Faites de même pour les pommes de pin, les *Bell cups* et les champignons.

4 Piquez les bouquets de roses, les pommes de pin et tous les autres matériaux, de façon à combler les espaces vides.

GUIRLANDE DE TABLE EN SAPIN BLEU

Le matériau dominant de cette guirlande, le sapin bleu ou épicéa, commence à sécher au bout de quelques jours, mais il garde sa couleur et ses aiguilles. Faites très attention en manipulant le pistolet à colle : utilisez-le avec modération pour éviter que la colle chaude ne traverse la composition et ne tombe sur le plan de travail. Si une goutte de colle tombe sur la guirlande, vous pouvez la masquer avec un peu de mousse végétale que vous appliquez simplement sur la colle chaude.

Fournitures :
corde
sapin bleu (épicéa)
bobine de fil de fer
pommes de pin
piments
tiges de fil de fer
champignons
grenades
Cladonia rangiferina
lavande
roses rouges

Outils :
sécateur
pistolet à colle
pince

1 Coupez deux longueurs de corde, qui mises bout à bout donnent la longueur souhaitée pour la guirlande. Coupez des morceaux de sapin de 20 cm (8 po) de long, attachez-les à la corde avec du fil de fer.

2 Si certaines pommes de pin sont encore accrochées à leurs branchages, attachez ceux-ci à la corde avec du fil de fer et continuez à garnir la corde de sapin.

3 Continuez ainsi jusqu'à ce que les deux cordes soient couvertes de sapin. Veillez à ne pas laisser de trou sur les côtés. Confectionnez des bouquets de piments à lien central et répartissez-les sur toute la longueur de la guirlande.

4 Collez les champignons, les pommes de pin et les grenades, puis ajoutez la *Cladonia rangiferina*.

5 Confectionnez des bouquets de roses et de lavande à lien central. Piquez-les deux par deux, en croisant un bouquet de roses avec un bouquet de lavande. Torsadez les tiges de fil de fer sous la guirlande et rentrez le bout coupant dans la base de la guirlande.

Pour terminer : Placez quelques bougies dans des pots de fleurs en terre à l'endroit où les deux extrémités de la guirlande se rejoignent. Entourez-les de mousse, couvrez de mousse les extrémités de la guirlande et posez dessus quelques grenades et quelques pommes de pin. Protégez la table de la mousse humide avec un set de table.

PETITES ASTUCES

Si vous placez cette guirlande au-dessus d'un foyer ouvert, mettez-la suffisamment loin de la chaleur car la résine qui coule du sapin pourrait prendre feu.

Chandelier de Noël

Vous pouvez utiliser divers types de couronnes pour confectionner ce chandelier. La couronne en houblon que vous voyez sur les photos a été achetée toute faite. Son tressage lâche est idéal pour y fixer des éléments. Vous pouvez également prendre une couronne plus compacte, mais peut-être devrez-vous alors modifier les pique-bougies pour pouvoir les coller. Les oranges ont été séchées sur une grille métallique installée au-dessus de la partie froide d'un fourneau type Aga. Il a fallu quatre semaines environ pour qu'elles soient complètement sèches ; elles ont alors la peau très dure et sont beaucoup plus légères qu'au départ. La couronne et la corde ont enfin été légèrement vaporisées avec de la peinture dorée et décorées avec des étoiles de mer.

Fournitures :

oranges séchées peintes en doré
peinture dorée en bombe
tiges de fil de fer
mousse végétale
étoiles de mer
corde
couronne toute faite en houblon ou en branchages
4 pique-bougies
bougies

Outils :

couteau
petit tournevis
pistolet à colle

1 Coupez les oranges en deux et percez chaque moitié avec le tournevis. Glissez dans le trou les deux extrémités d'une tige de fil de fer repliée en une boucle. Retournez l'orange et recourbez les deux extrémités de la tige. La boucle ne tombe pas.

2 Enduisez l'intérieur des oranges de colle et garnissez-les entièrement de mousse végétale.

3 Prenez une étoile de mer. Mettez une pointe de colle sur la mousse et sur le contact de l'orange avec l'étoile de mer. Maintenez-la jusqu'à ce que la colle ait séché. Ajoutez deux ou trois étoiles de mer sur le dessus et les côtés de chaque moitié d'orange.

4 Recourbez les deux extrémités d'une tige de fil de fer, accrochez la décoration à un bout et vaporisez-la légèrement de peinture dorée. Essayez d'obtenir un voile doré plutôt qu'une couche épaisse, de façon à laisser transparaître un peu d'orange.

5 Attachez les cordes fermement à la couronne en quatre points de façon que le chandelier soit horizontal une fois suspendu. Laissez les cordes assez longues ; vous pourrez les recouper selon l'endroit où vous l'accrocherez.

6 Enfoncez une poignée de mousse verte des bois dans la couronne, entre deux cordes. Faites un petit trou en son milieu avec le doigt.

7 Mettez de la colle dans le trou et enfoncez-y le pique-bougie bien droit. Mettez la bougie dans le pique-bougie et vérifiez qu'elle est bien droite. Suspendez les oranges à la couronne une fois celle-ci accrochée à sa place.

GUIRLANDE DE TABLE DE NOËL

Vous pouvez confectionner une seule guirlande pour le centre de la table, avec toutes les fleurs tournées dans le même sens, mais il est beaucoup plus joli de faire deux petites guirlandes dont les fleurs sont pointées dans des directions opposées. Vous pouvez garnir l'espace entre les deux guirlandes avec un assortiment de pots de fleurs et de bougies, autour desquels on a disposé ici des grenades et de la mousse (*Tillandsia*). Un mélange de noix peintes en doré et des boules dorées donneront un ensemble plus chatoyant qui convient peut-être mieux pour Noël. Disposez certains ingrédients dans la guirlande, d'autres autour pour garnir toute la longueur de la table.

Fournitures :
amarantes rouges
origan
roses rouges
lavande
bobine de fil de fer
corde
tiges de fil de fer
pivoines
bâtons de cannelle
mousse verte des bois
Tillandsia
bougies variées
pots de fleurs en terre
grenades
raphia

Outils :
sécateur
pince
pistolet à colle

1 Séparez les tiges des diverses bottes de fleurs, coupez-les à 15-20 cm (6-8 po) de longueur et faites un tas de chaque variété. Avec le fil de fer en bobine, attachez l'origan et les amarantes en petits bouquets sur toute la longueur de la corde.

2 Continuez à garnir la corde de cette manière en espaçant régulièrement les matériaux sur toute la longueur. Laissez beaucoup d'espace entre les divers bouquets pour pouvoir ajouter des éléments mis en tige par la suite.

PETITES ASTUCES

Si la table est très longue, confectionnez une guirlande en plusieurs sections, ce qui permettra de la stocker plus facilement. Enveloppez-la dans du papier de soie et mettez-la dans un carton. Si la composition comporte des roses et des pivoines, vaporisez l'intérieur du carton avec un produit antimite. Placez le carton dans un endroit sec et bien aéré. Ouvrez-le de temps en temps et vaporisez à nouveau de l'antimite à l'intérieur.

3 Confectionnez des bouquets à lien central avec les roses, la lavande et les bâtons de cannelle. Laissez la tige de fil de fer assez longue pour les fixer en enfonçant ses extrémités dans la guirlande puis en les torsadant. Rabattez les bouts coupants à l'intérieur pour ne pas rayer la table. Répartissez les bouquets régulièrement sur toute la longueur de la guirlande.

4 Coupez les tiges des pivoines au ras des fleurs et collez celles-ci sur la guirlande en les répartissant sur toute la longueur.

Les mariages

Bien qu'ils soient rarement utilisés pour les mariages, les végétaux séchés peuvent là encore donner de merveilleux résultats. Associées à un tissu de couleur assortie et à quelques bougies, les fleurs séchées permettent en effet de confectionner de superbes compositions nuptiales.

Guirlande de bord de table pour mariage d'été

Bien qu'elle compte parmi les plus simples à réaliser, cette guirlande suspendue en amples festons sur les bords de la table fait toujours sensation. Bon marché, le conifère peut même être obtenu gratuitement dans les jardins à certains moments de l'année. Pour un mariage d'été, nous avons utilisé ici des roses rose pâle, mais vous pouvez changer la couleur pour obtenir une ambiance différente : des roses rouges associées au conifère et disposées sur un fond sombre donnent par exemple un décor hivernal, tandis que l'on préférera pour le printemps des roses jaune pâle.

Fournitures :
corde
conifère frais
bobine de fil de fer
roses rose pâle

Outils :
sécateur

1 Coupez la corde àla longueur désirée et faites une boucle à chaque extrémité. Coupez le conifère en petits morceaux que vous attachez à la corde avec du fil de fer.

2 Ajoutez les roses par groupes de deux ou de trois avec une poignée de conifère tous les 10 cm (3-4 po). Serrez le conifère pour obtenir une guirlande fournie.

Petites astuces

Ce décor ne dure pas longtemps : le conifère sèche, devient cassant et perd sa belle couleur vert vif. Si vous devez confectionner les guirlandes quelques jours avant l'événement, suspendez-les dans un endroit frais, sec et obscur. Vous aurez ainsi le temps de vous consacrer à d'autres préparatifs. Pour une guirlande encore plus fraîche, passez les roses à la vapeur.

Guirlande pour mariage d'été

Cette jolie composition aux couleurs douces est parfaite pour un mariage d'été. Confectionnée à la longueur souhaitée, elle convient pour tous les emplacements. Elle sera très accueillante fixée de chaque côté de la porte de l'église ou en arceau au-dessus de celle-ci. Faites une boucle à chaque extrémité de la corde pour que l'on puisse la suspendre correctement. Cet assortiment de matériaux convient également pour décorer l'intérieur de l'église ; une guirlande enroulée autour d'un pilier en pierre sera du meilleur effet.

Fournitures :
corde
nigelles
origan
pieds-d'alouette
roses
bobine de fil de fer
tiges de fil de fer
lavande
roses roses
tulle

Outils :
sécateur
pince
pistolet à colle

> Petites astuces
>
> Veillez à bien prendre les mesures si vous faites un décor pour un emplacement particulier. Il est souvent difficile de fixer les compositions parce que l'on ne peut pas percer les murs du bâtiment. Vous pourrez néanmoins accrocher la plupart des décorations avec du fil de fer en bobine et du ruban adhésif de fleuriste. Si votre composition repose sur du bois, protégez-le d'abord avec du ruban adhésif sur lequel vous ferez passer le fil de fer. On trouve souvent dans les églises des crochets pour les décorations habituelles : tirez-en parti au maximum. Ils sont faciles à remplacer s'ils sont endommagés.

1 Coupez la corde à la longueur désirée, en prévoyant les boucles qui suspendront la guirlande. Recoupez les tiges des fleurs séchées à 15 cm (6 po) de long. Jetez les déchets. Faites des tas séparés pour chaque variété. À un bout de la corde, attachez un petit bouquet de nigelles avec du fil de fer pour couvrir la boucle.

2 Travaillez le long de la corde en couvrant les tiges de nigelle avec un petit bouquet d'origan également fixé avec du fil de fer en bobine. Répétez l'opération avec les pieds-d'alouette.

3 Continuez en alternant les végétaux dans cet ordre-là, et faites en sorte qu'il n'y ait pas de trou sur les côtés de la guirlande lorsque celle-ci est posée à plat.

4 Piquez des bouquets à lien central de roses et de lavande quasi perpendiculairement aux autres ingrédients. Torsadez les tiges derrière la guirlande. Rabattez-y les bouts coupants. Collez un beau nœud en tulle à une des extrémités.

Variante hivernale pour une guirlande de mariage

Cette guirlande d'hiver posée à même le sol a été confectionnée exactement de la même manière que les guirlandes murales proposées à plusieurs reprises dans cet ouvrage, mais sur une plus grande échelle. Deux guirlandes de ce type posées de part et d'autre de l'allée centrale parmi un assortiment de grandes bougies feront un superbe décor à l'entrée de l'église. Le nœud en mousse est en fait une guirlande en grillage à poule et sphaigne recouverte d'une fine couche de mousse verte fixée avec du fil de fer en bobine. Voilà une façon originale d'utiliser une guirlande ! Mais faites très attention avec les bougies.

Bougeoir pour mariage d'été

Ces bougeoirs en colonne sont assez faciles à confectionner, mais n'ajoutez pas trop de matériaux à la fois : prenez seulement la quantité que vous pouvez tenir confortablement dans une main et fixez-la avec du fil de fer en bobine avant d'en ajouter davantage. L'expérience vous dira quelle est la meilleure façon de tenir le bougeoir en cours de réalisation. Peut-être préférerez-vous le poser à plat. Faites en sorte que les poignées de fleurs se fondent les unes dans les autres. Une fois la composition terminée, revenez au sommet et piquez quelques fleurs pour boucher les trous éventuels.

Fournitures :
petit pot de fleurs en terre
tronc d'arbre
récipient
pâte à modeler durcissant à l'air
mousse végétale
bobine de fil de fer
pieds-d'alouette
lavande
grande bougie
tiges de fil de fer ou épingles de fleuriste

Outils :
sécateur
pistolet à colle

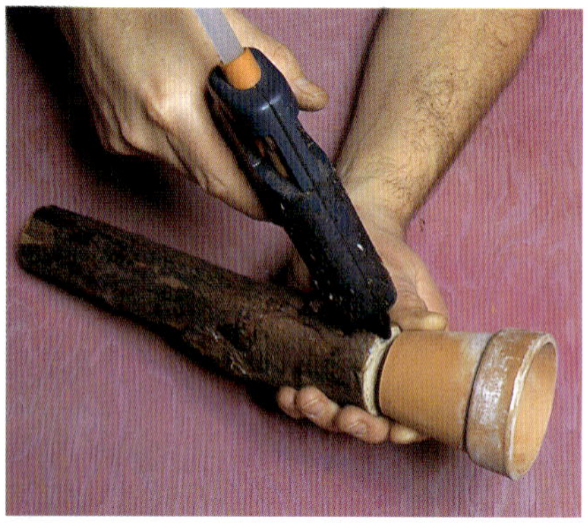

1 Fixez le petit pot de fleurs au sommet du tronc à l'aide du pistolet à colle en vérifiant qu'il est bien horizontal. Fixez le tronc dans le récipient.

2 Glissez de la mousse à la base du pot et enveloppez-en le tronc avec du fil de fer en bobine. La couche de mousse doit être très régulière et pas trop épaisse.

3 Continuez ainsi jusqu'à ce que le tronc soit entièrement recouvert de mousse, notamment le sommet autour du petit pot de fleurs.

4 Coupez les tiges de lavande et de pieds-d'alouette à 13 cm (5 po) de long environ. En commençant par le haut, attachez des pieds-d'alouette autour du tronc avec du fil de fer en bobine.

5 Continuez ainsi en ajoutant la lavande, sur toute la hauteur du tronc. Chaque couche doit couvrir les tiges et les fixations de la précédente. Cachez celles de la dernière couche avec de la mousse verte des bois fixée avec des épingles de fleuriste. Fixez enfin la bougie dans le petit pot avec de la colle ou de la mousse.

Décor de bancs d'église pour mariage d'été

Fixées en hauteur à l'extrémité des bancs de l'église, ces compositions produisent un effet saisissant, surtout si les bougies sont éclairées. Vous pouvez réaliser ce décor sans bougie et dans diverses tailles. Commencez par confectionner un petit bouquet de fleurs vertical qui servira de tuteur et de base de la bougie. Ajoutez ensuite les autres végétaux en croisant les tiges. Si vous faites un gros bouquet, il sera peut-être plus facile de l'attacher avec du fil de fer en bobine ou du ruban adhésif de fleuriste au fur et à mesure que vous le confectionnez. Gardez les tiges bien longues pour équilibrer le décor.

Fournitures :
deux tuteurs de 60 cm (24 po) de long
bougie de 40-45 cm (16-18 po)
ruban adhésif de fleuriste
pieds-d'alouette roses
roses roses
tiges de fil de fer
raphia

Outils :
sécateur
pince
ciseaux

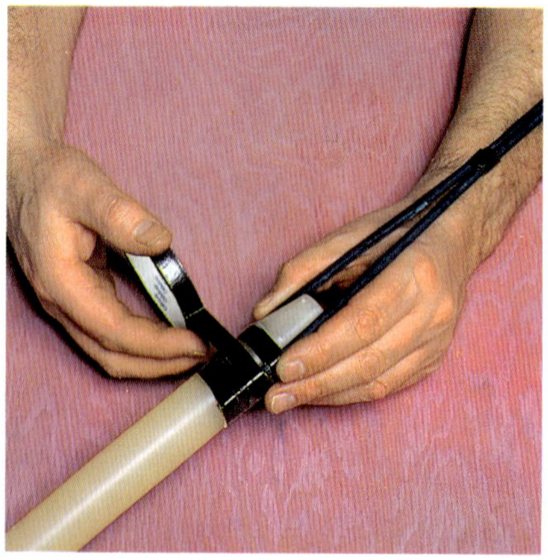

1 Mettez un tuteur de chaque côté de la base de la bougie, et attachez le tout avec du ruban adhésif de fleuriste bien serré.

2 Disposez une première couche de fleurs autour de la bougie, les fleurs arrivant juste au-dessus du ruban adhésif. Continuez en ajoutant les autres matériaux de façon à obtenir un gros bouquet avec la bougie au milieu.

3 Croisez les tiges de façon à produire un large bouquet rond. Passez une tige de fil de fer autour des tiges et serrez-la bien. Nouez quelques brins de raphia autour des tiges pour masquer le fil de fer, puis fixez un crochet en S solide en fil de fer au dos du bouquet pour le suspendre au banc.

Petites astuces

Pour confectionner un gros bouquet avec une quantité assez réduite de matériaux, croisez sans cesse les tiges des fleurs. Lorsque vous fixerez ces décorations en tête des bancs d'église, assurez-vous que les tiges de fil de fer les maintiennent bien en place.

BOUQUET DE MARIÉE ESTIVAL

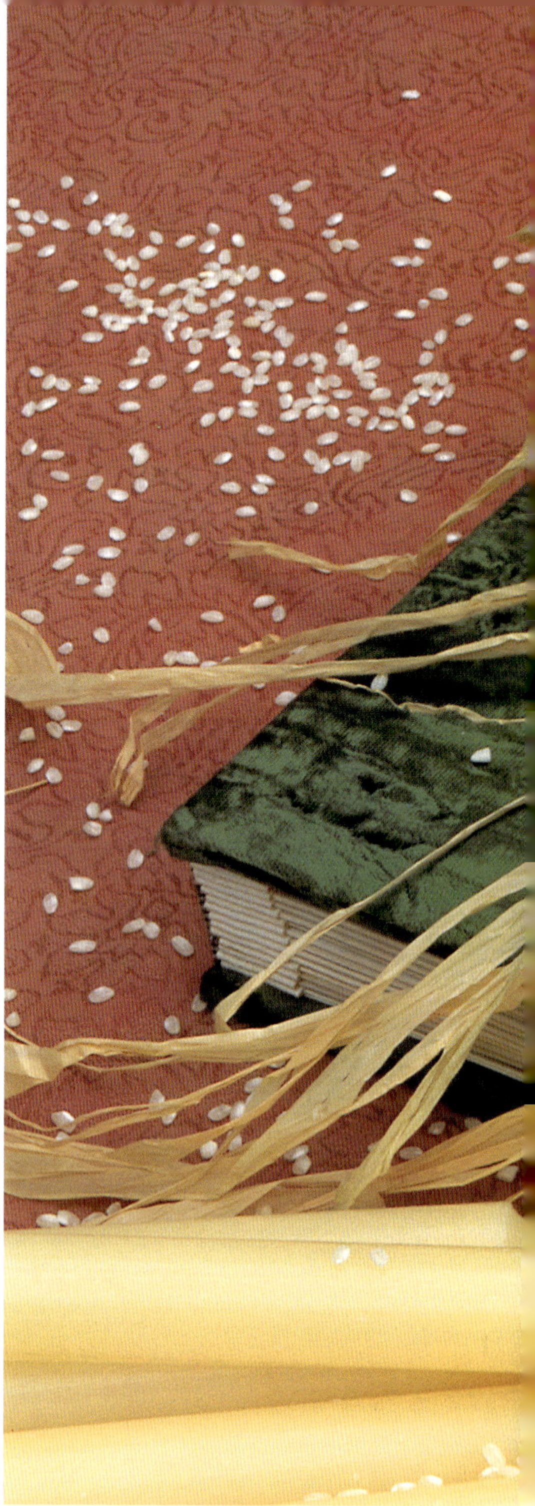

L'avantage d'utiliser des fleurs séchées pour un mariage, c'est que l'on peut préparer les compositions longtemps à l'avance. Nous n'avons utilisé ici que deux variétés de fleurs, mais vous pouvez en décider autrement. Assurez-vous simplement que certaines fleurs sont intéressantes le long de leurs tiges aussi qu'à leur tête : les côtés du bouquet ont en effet la même importance que le sommet, car on les voit autant. Deux bottes de fleurs séchées donneront un bouquet parfait pour une jeune mariée tandis que quatre bottes vous permettront d'en créer un presque deux fois plus gros qui conviendra mieux à une personne plus âgée. N'oubliez pas cependant que ce bouquet doit être porté, ce qui ne sera pas confortable s'il est trop gros.

Fournitures :
roses roses
pieds-d'alouette roses
tiges de fil de fer
raphia

Outils :
pince
sécateur

1 Ouvrez et séparez les bottes et faites deux piles de fleurs. Prenez une poignée de fleurs mélangées dans une main et ajoutez-en d'autres en croisant les tiges pour obtenir un petit bouquet rond.

2 Passez une tige de fil de fer autour du bouquet, à mi-hauteur des tiges, et torsadez les deux extrémités pour que le bouquet conserve sa forme.

3 Recoupez les tiges des fleurs en-dessous du lien en fil de fer, assez courtes mais de façon que l'on puisse tout de même tenir le bouquet.

4 Nouez quelques brins de raphia autour du bouquet pour cacher la tige de fil de fer et pour le rendre plus agréable à porter.

Variante hivernale pour bancs d'église et bouquet de mariée

On a conservé les mêmes modèles, mais changé les couleurs. Les deux projets précédents avaient été réalisés dans des teintes rose pâle pour un mariage d'été, on a utilisé ici des couleurs sombres pour l'hiver. Sur le bouquet de mariée, le raphia a été remplacé par un ruban bordeaux et doré qui rehausse les fleurs foncées. Pour les bancs d'église, le raphia a été conservé mais les fleurs ont été enveloppées dans un morceau de tissu vert foncé, ce qui donne un décor plus imposant et chaleureux.

Les cadeaux

Si presque toutes les compositions proposées dans ce livre pourraient servir de cadeaux de bienvenue, les élégants projets présentés dans ce dernier chapitre ont l'avantage de nécessiter moins de matériaux que la plupart et de pouvoir souvent être confectionnés avec des restes. Rapides et faciles à réaliser, ils donnent invariablement de très jolis cadeaux pour une somme modique.

Panier fleuri

Cette petite vannerie fleurie est réalisée comme la grande corbeille d'automne de la page 78, mais avec un assortiment de matériaux très différent et à une échelle plus réduite, idéale pour un cadeau. On a ajouté un bloc de mousse synthétique dans le panier, calé avec de la mousse végétale, sur lequel on a simplement posé la bougie. Une grosse bougie tient en effet sans problème si la composition est bien stable, mais ne la laissez jamais brûler sans surveillance.

Fournitures :
corde
tiges de fil de fer
bobine de fil de fer
sphaigne
panier rond
bouton-d'argent
lavande
marjolaine
capsules de pavot
boules Mintola
mousse verte des bois
épingles de fleuriste
bougie
bloc de mousse synthétique sèche de fleuriste

Outils :
couteau
pistolet à colle
pince
sécateur

Petites astuces

Attention, les éléments les plus lourds risquent de tomber pendant que la colle est en train de sécher ! N'hésitez pas à les maintenir en place jusqu'à ce que la colle soit complètement sèche.

1 Confectionnez une « collerette » en sphaigne sur la bordure extérieure de la corbeille. Mettez les capsules de pavot et les Mintola à part, puis séparez les fleurs et coupez leurs tiges à 15 cm (6 po). Confectionnez de petits bouquets à lien central que vous piquez par petits groupes, une variété après l'autre, en croisant les tiges. Si la vannerie est petite, trois groupes de chacune des variétés de fleurs suffiront pour garnir toute la collerette en laissant quelques petits espaces libres.

2 Coupez les tiges des pavots au ras des capsules et collez celles-ci et les Mintola en petits groupes bien répartis tout au long de la bordure. Cachez les tiges de fil de fer des bouquets à lien central avec les capsules de pavot.

3 Comblez les espaces vides avec de bonnes poignées de mousse verte fixée avec des épingles de fleuriste. Vérifiez que le bord extérieur de la collerette de mousse est régulier, bien garni et les tiges de fil de fer bien cachées. Terminez en mettant le bloc de mousse synthétique dans le panier, et posez enfin la bougie dessus.

Cadre à photos orné de roses et de pivoines

Voici une façon d'utiliser les restes de matériaux rassemblés pour la confection d'autres projets. Tous les styles peuvent être créés, depuis les décors boisés plutôt massifs jusqu'aux compositions les plus délicates. Peut-être préférerez-vous glisser la photo dans le cadre avant de commencer. Vous verrez ainsi si votre décoration se marie bien avec l'image. Ce sont les photos anciennes ou bien aux couleurs douces qui s'harmonisent le mieux avec les matériaux naturels. Évitez de choisir une photo avec un fond très chargé, car le cadre ressortirait mal. Vous pouvez donner une note romantique en ajoutant aux fleurs séchées un tissu vaporeux. Ce sera parfait dans une chambre à coucher. Les cadres à photos sont toujours des cadeaux très appréciés. Attention si vous voulez expédier le vôtre par la poste : emballez-le soigneusement, en mettant un morceau de mousse synthétique au centre de la photo pour que l'emballage ne touche pas les matériaux fragiles.

Fournitures :
- cadre à photos (sous-verre à pinces) de 50 x 20 cm (10 x 8 po) ou plus
- feuilles et fougères séchées ou traitées pour la conservation
- roses
- pivoines
- lavande
- colle résine Époxy
- raphia

Outils :
- ciseaux
- pistolet à colle

1 Nettoyez le verre du cadre le mieux possible, en enlevant notamment les traces de doigts. Coupez les feuilles en deux dans le sens de la largeur, enduisez le dos de colle et appliquez-les, le bord coupé de la feuille le long du bord du cadre. Continuez ainsi tout autour du sous-verre, en alternant parties supérieures et inférieures des feuilles coupées. Attention de ne pas mettre de colle sur les pinces.

2 Une fois que la colle a séché et que les feuilles tiennent bien, collez les fougères à l'aide du pistolet. Commencez par un coin, puis passez au coin opposé.

3 Si besoin est, passez les roses et les pivoines à la vapeur. Confectionnez un bouquet de lavande à lien central, cachez la tige de fer en nouant un brin de raphia. Collez les fleurs.

Bougeoir en lavande et tissu

Couleur superbe, parfum merveilleux, la lavande est idéale pour les cadeaux. Vous pouvez d'ailleurs vous contenter de remplir le pot de lavande, sans mettre de bougie. Choisissez un tissu dont la couleur se marie bien avec le futur emplacement du pot. Quelques brins de raphia noués autour du bougeoir lui apporteront une note un peu rustique, tandis qu'un nœud fait dans le même tissu donne un objet plus élégant. Vous pouvez utiliser un pot de fleurs en plastique, puisqu'il ne se voit pas, mais un pot en terre sera plus stable pour la bougie. Prenez-en une grosse qui brûle lentement pour ne pas avoir à la remplacer et à déranger la lavande.

Fournitures :
pot de fleurs en terre cuite
tissu
mousse synthétique sèche de fleuriste
bougie
épingles de fleuriste
ruban adhésif de fleuriste
lavande
tiges de fil de fer
mousse végétale
Raphia

Outils :
ciseaux
couteau
pistolet à colle (facultatif)

1 Posez le pot sur le tissu, découpez un disque assez grand pour l'envelopper avec 8 cm (3 po) de marge.

2 Enveloppez le pot avec le tissu que vous rabattez à l'intérieur. Veillez à répartir les plis du tissu uniformément.

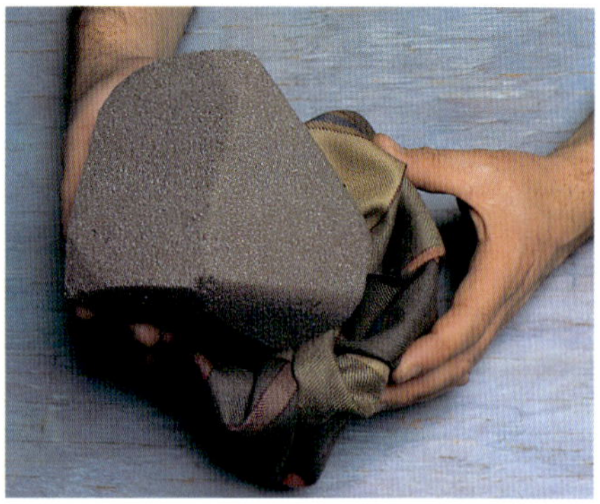

3 Recoupez approximativement le bloc de mousse à la taille du pot, et enfoncez-le en force jusqu'au fond du pot, de façon qu'il maintienne le tissu en place.

4 Montez la bougie sur des tiges de fil de fer et plantez-la sur le bloc de mousse. Vous pouvez aussi la coller sur la mousse.

5 Confectionnez des petits bouquets de lavande en tige, et piquez-les dans la mousse en les inclinant légèrement vers l'extérieur. Garnissez ainsi tout le pot.

6 Garnissez la base de la bougie, sans la toucher, de mousse végétale fixée avec des épingles de fleuriste. Nouez enfin quelques brins de raphia autour du pot.

Pot à bougie fleuri

Dans un projet de ce type, où l'on dispose de peu de mousse synthétique pour piquer les fleurs, la mise en tige doit être faite le mieux possible. En effet, des bouquets mal agencés risqueraient de fendre la mousse. La bougie a été montée sur des tiges de fil de fer pour pouvoir être remplacée facilement.

Fournitures :
bougie
épingles de fleuriste
ruban adhésif de fleuriste
bloc de mousse synthétique sèche de fleuriste
pot de fleurs en terre cuite
solidago
Alchemilla mollis
lavande
roses roses miniatures
roses roses de taille standard
pieds-d'alouette roses
tiges de fil de fer
mousse verte des bois

Outils :
couteau
ciseaux
sécateur
pince

1 Montez une bougie sur des tiges de fil de fer et plantez-la dans le bloc de mousse. Enfoncez le bloc dans le pot en laissant dépasser la mousse de 8 cm (3 po). Coupez les fleurs à 10-13 cm (4-5 po) de longueur selon le pot, et mettez-les en tige, en petits bouquets séparés. Piquez 4 bouquets de solidago dans la mousse au bord du pot, un de chaque côté de la bougie.

2 Répétez l'opération en ajoutant cette fois les fleurs près de la base de la bougie. On obtient ainsi une disposition des fleurs en S lorsque l'on regarde le pot de côté.

3 Comblez les espaces vides entre les bouquets de solidago avec *Alchemilla mollis*. Ajoutez environ 8 petits bouquets. Piquez ensuite 8 petits bouquets de lavande, à nouveau en S. S'il reste de gros espaces vides à ce stade, comblez-les avec du solidago ou *Alchemilla mollis*.

4 Ajoutez les bouquets de roses de façon aléatoire afin de boucher les derniers petits trous. Vous pouvez compléter avec d'autres fleurs si vous avez utilisé toutes vos roses. Nous avons rajouté ici des pieds-d'alouette parce que les bottes de roses étaient plus petites que prévu.

5 Garnissez enfin la base de la bougie de mousse verte des bois fixée avec des épingles de fleuriste.

OUTILS ET FOURNITURES

Agrafeuse : très utile, notamment pour accrocher un morceau de grillage à poule sur du bois. Choisissez un modèle démontable, car le mécanisme s'enraye souvent.

Blocs, pyramides et boules de mousse synthétique sèche de fleuriste : matière généralement grise. Il en existe maintenant qui n'est pas nuisible pour l'environnement. Attention de ne pas acheter de la mousse de fleuriste pour fleurs fraîches (Oasis®), car elle s'effriterait avec des fleurs séchées.

Ciseaux : ils doivent être bien aiguisés pour couper le tissu et autres matières. Veillez à ne pas vous en servir pour les tiges des végétaux, car cela les émousserait rapidement.

Couteaux : choisissez deux couteaux qui coupent bien, un court et un long. Ils vous serviront essentiellement à couper la mousse synthétique. Un bon couteau permet d'éviter que la mousse s'effrite.

Épingles de fleuriste : achetez-les toutes faites ou bien confectionnez-les à partir de tiges de fil de fer que vous couperez à la longueur désirée et recourberez en forme d'épingles à cheveux. Idéales pour faire tenir de la mousse végétale, elles sont également très pratiques dans bien d'autres situations.

Ficelle : choisissez une ficelle solide, de bonne qualité (la ficelle dite de jardinier est souvent la meilleure). De plus, sa couleur verte est parfaite pour les compositions végétales.

Fil de fer en bobine : existe en divers diamètres. Idéal pour confectionner couronnes et guirlandes. Choisissez-en un pas trop gros.

Laque à cheveux : utilisée avec précaution, elle rehausse la couleur de bien des matériaux et permet de maintenir en place les pétales délicats. Pratique également pour rendre une surface imperméable et éviter ainsi l'absorption d'humidité. Son emploi est néanmoins controversé, certains spécialistes estimant qu'elle fige trop les végétaux.

Pâte à modeler durcissant à l'air : pour stabiliser le fond des paniers, et pour maintenir en place les troncs des topiaires.

Pince coupante : choisissez un modèle à ressort, par exemple un bon sécateur adapté à la taille de votre main. Les fleuristes utilisent plutôt de gros ciseaux, ce qui peut également vous convenir. Un sécateur à ressort facilite souvent la tâche.

Pince simple : pour maintenir et torsader les tiges de fil de fer et autres tâches difficiles.

Pique-bougies en plastique : existent en diverses tailles. Il suffit de les piquer dans un bloc de mousse synthétique.

Pistolet à colle : l'un des outils les plus utiles. Prenez-en un de bonne qualité, même si ce n'est pas le moins cher. Choisissez un modèle équipé d'un distributeur-doseur, qui facilite la manipulation, et de préférence fonctionnant à chaud, car la colle sèche bien plus vite.

Retardateur de flamme en bombe : particulièrement utile pour les compositions avec bougies, ou placées près d'une cheminée.

Ruban adhésif de fleuriste (type Permacel) : pour assembler des blocs de mousse synthétique ou les maintenir dans un panier.

Supports en cuivre : existent en plusieurs tailles. Idéaux si la composition comporte des éléments gros ou lourds.

Tiges de fil de fer (pour monter les fleurs) : existent dans divers diamètres et longueurs. Préférez les longues que vous pourrez toujours recouper. Choisissez plutôt des tiges assez grosses car les éléments ligneux ne tiendront pas avec des tiges trop fines.

Toile de jute : sert à protéger la surface contre laquelle guirlandes ou couronnes seront suspendues. Peut également être utilisée à titre décoratif. Fixez-la avec des épingles de fleuriste, ou bien cousez-la avec du gros fil.

Tuteurs : rallongent les tiges des végétaux pour une grande composition. Pratiques pour confectionner le cadre d'une couronne carrée ou triangulaire.

Pour réaliser un projet, utilisez si possible les outils que nous vous conseillons. Cela vous facilitera la tâche.

FLEURS ET AUTRES VÉGÉTAUX

Choisissez soigneusement les végétaux que vous allez utiliser. Si vous les achetez, vérifiez que la tige est de couleur vive et pas trop cassante. S'ils sont ternes et tristounets, les végétaux sont probablement vieux : ne les achetez pas. Vérifiez l'état des fleurs, notamment celui des roses et des pivoines, particulièrement fragiles. N'achetez pas de fleurs à l'intérieur desquelles vous voyez des larves ou des œufs. Toutes les fleurs séchées perdent un peu leurs « plumes » lorsqu'on les manipule, mais vérifiez qu'elles n'en perdent pas trop. Branches, brindilles et mousses peuvent être utilisés fraiches. Elles sont même plus faciles à manipuler si elles sont un peu humides. Laissez sécher la composition terminée dans un endroit sec et chaud.

La méthode la plus simple et la plus efficace est de les faire sécher à l'air, dans un endroit à circulation constante d'air chaud et sec, dans un placard-séchoir ou au-dessus d'un fourneau. Faites sécher les éléments ligneux sur une grille métallique (cela peut prendre assez longtemps). Attachez les fleurs en bouquets et suspendez-les la tête en bas ; leur séchage est beaucoup plus rapide. Si le lieu est clair, couvrez les végétaux ou enveloppez-les dans du papier journal, en vérifiant que l'air circule autour d'eux. N'hésitez pas à innover : on peut faire sécher de multiples variétés de fleurs, même des jonquilles !

Si les fleurs achetées dans le commerce ont un peu trop séché, suspendez-les dans une pièce humide, une salle de bain par exemple, pendant un jour ou deux. Elles absorberont ainsi un peu d'humidité et seront plus faciles à manipuler. Ne les y laissez pas trop longtemps car elles risqueraient de devenir humides et de commencer à pourrir. Si au bout de quelques jours elles sont trop molles, inversez le processus en les mettant dans un endroit chaud et sec.

Achillée

Achillea filipendulina. Plante à fleurs moutarde, populaire depuis de nombreuses années. Ses corymbes remplissent vite l'espace, ce qui la rend presque indispensable pour toute grande composition rustique. Facile à dépoussiérer avec un pinceau souple et un sèche-cheveux.

Achillea ptarmica (Bouton-d'argent). Corymbes lâches de petites fleurs blanches, sur des tiges vert foncé. À manipuler avec précaution. Utilisé avec d'autres matériaux, le blanc éclatant de ses fleurs ressort bien. Il a une longue durée de vie mais doit être conservé à l'abri de l'humidité, sinon le blanc brunit très vite.

Alchémille (*Alchemilla mollis*). Plante aux petites fleurs verdâtres réunies en corymbes.

Amarante (*Amaranthus*). Généralement utilisée naturelle, c'est-à-dire vert foncé, ou bien teinte en rouge profond. La variété présentée ici a des épis longs et dressés, mais il en existe aussi avec des épis longs et souples. Choisissez bien vos bouquets, car leur épaisseur et leur longueur varient énormément. Pour les petites compositions, choisissez une variété plus fine. L'amarante queue-de-renard (*Amaranthus caudatus*) est idéale pour les décors en fleurs séchées. Sa teinte vert pâle convient très bien pour les compositions printanières.

Ambrosinia. Disponible en deux versions, une courte et une longue, cette plante vert pâle exhale un parfum merveilleux que l'on sent surtout lorsqu'on la manipule. Comme pour tous les matériaux verts, évitez la lumière trop forte pour que sa couleur ne fane pas. Le chauffage central la dessèche et la rend très fragile : placez-la dans ce cas à l'abri des chocs.

Amour en cage ou **Coqueret** ou **Alkékenge (Physalis).** Ces petits lampions orange fins comme du papier, très décoratifs, sont parfaits pour les compositions florales. Leur belle teinte ne résiste pas longtemps à la lumière vive. C'est une plante facile à cultiver dans un jardin, mais vous n'obtiendrez sans doute pas autant de calices que sur les variétés que l'on trouve dans le commerce.

Artichaut (*Cynara scolymus*). Si vous n'aimez pas les manger, n'hésitez pas à les faire sécher. Qu'ils soient pleinement épanouis ou encore petits, ils sont du meilleur effet, et méritent d'être exposés seuls dans un grand vase. Les feuilles extérieures prennent de belles teintes vertes et violacées, tandis que lorsqu'ils sont bien ouverts, le cœur est une touffe de délicates frondes mauves. Pour les faire sécher, suspendez-les la tête en bas, enveloppés dans un papier ouvert, au-dessus d'un flot continu d'air chaud. Ils mettront deux à trois semaines à sécher.

***Banksia serrata*.** Dans le commerce, on trouve généralement cette très grande feuille traitée pour la conservation. Elle remplace bien le houx, et ne se déforme pas et ne sèche pas. Vaporisez-la avec une peinture en aérosol pour harmoniser les couleurs, ou bien dorez-la légèrement pour un décor hivernal. Pratique également pour les grandes compositions car elle est très couvrante.

***Bell cup*.** Une gousse couleur caramel qui sent la vanille.

Blé. Le blé est un exemple des nombreuses herbes dont nous disposons. À manipuler avec précaution. Leur couleur verte est très éphémère, d'où la mauvaise réputation qu'elles ont donnée aux compositions florales. Si jusqu'à peu les gens imaginaient que les fleurs séchées étaient forcément marron et ternes, c'est essentiellement à cause d'elles.

Buplèvre (*Bupleurum griffiti*). Plante verte qui garnit bien l'espace. Attention lorsqu'on l'expose dans un endroit clair, car sa couleur fane vite. Chaque tige porte un grand nombre d'ombelles donnant toutes des graines. Une seule ombelle est parfaite pour être glissée entre d'autres fleurs sur une petite composition. Elle est du plus bel effet.

Capsules de pavot (*Papaver*). Bien qu'elles soient très courantes, ne les négligez pas. Gris poudre foncé à gris verdâtre, elles s'harmonisent avec la plupart des couleurs dominantes. Evitez de les vaporiser de laque car cela supprimerait leur aspect poudré, si joli. N'utilisez pas les graines de la capsule en cuisine.

Carthame (Carthamus). Deux variétés principales, l'une avec, l'autre sans fleurs. La fleur jaune safrané de *Carthamus tinctorius*, souvent utilisée pour faire de la teinture, est très jolie et très fraîche dans une composition. Les bouquets généralement assez gros doivent être divisés et montés sur des tiges de fil de fer. Choisissez les tiges portant des feuilles vert profond et des fleurs orange foncé, c'est une garantie de fraîcheur.

Champignons dorés. Vendus en France sous le nom de *mushrooms*, ces champignons peuvent rehausser n'importe quelle composition. On les trouve généralement tigés, ce qui permet de les piquer facilement. Dans le cas contraire, l'idéal est de fixer une tige à l'aide d'un pistolet à colle. Vous pouvez aussi les vaporiser de laque pour faire ressortir leurs belles teintes brun profond.

Chêne (*Quercus*). Feuille utilisée comme la feuille de hêtre, elle est un peu plus épaisse et résiste encore mieux au temps qui passe. Un peu de teinture brune appliquée lors de son traitement de conservation lui donne une belle couleur chaude, profonde et durable. Idéale pour un décor hivernal

Echinops

***Echinops ritro* (Chardon bleu).** Ses inflorescences globuleuses prennent une belle couleur bleu acier. À manipuler avec précaution car elles ont tendance à se briser. Cherchez toujours les fleurs de la saison car elles sont beaucoup moins fragiles lorsqu'elles sont fraîches. Ces fleurs sont assez chères, mais il est assez facile de cultiver la plante si certaines conditions sont réunies (soleil, chaleur, sol sain, de préférence calcaire).

***Echinops sphaerocephalus*.** De la même famille que la plante précédente, mais aux inflorescences bleu argenté bien plus grosses. Se prêtent bien à la peinture en bombe. Très utiles pour les décorations de Noël et les compositions un peu originales. À manipuler avec précaution, car très piquantes.

Eucalyptus (*Eucalyptus spiralus*). Ce feuillage superbe que l'on trouve surtout traité pour la conservation existe en deux couleurs, vert et brun. Très agréable à travailler, car il exhale une odeur merveilleuse lorsque l'on malmène ses tiges ou ses feuilles. On perçoit souvent l'odeur, qui dure des mois, avant même de voir la composition. Idéal pour les grandes compositions qui nécessitent de longues tiges.

Faux-coqueret (*Nicandra physaloides*). Son joli calice ressemble à celui, orangé, du coqueret, mais en plus petit. De couleur pâle, on peut l'harmoniser avec de nombreux matériaux. Sa forme originale donne de la texture à toute composition. Le vert n'aime vraiment pas la lumière, n'exposez donc pas le faux-coqueret en plein soleil. Le vert virera au brun foncé avec le temps, ce qui est tout à fait acceptable pour un calice de ce type.

Feuilles de raisinier (*Coccoloba uvifera*). Grandes feuilles traitées pour la conservation, très utiles pour envelopper ou doubler l'intérieur des récipients.

Hêtre (*Fagus sylvatica*). Associée à d'autres végétaux, la feuille brun foncé de cet arbre est très appréciable pour le fond d'une composition. On peut l'utiliser telle quelle après l'avoir cueillie dans les bois, mais elle a tendance à s'enrouler en séchant. L'idéal est donc de la faire sécher correctement : elle se conservera bien plus longtemps.

Hortensia (*Hydrangea macrophylla*). L'une des fleurs séchées les plus utilisées, elle existe dans toute une gamme de couleurs, depuis des roses très foncés jusqu'aux bleus profonds en passant par des nuances pâles presque grises. Très facile à faire sécher à la maison dans un endroit constamment chaud et obscur. Les grosses boules garnissent très vite une composition et tiennent très longtemps.

Immortelles

Helichrysum. L'une des fleurs séchées les plus connues, elle est un peu passée de mode. N'oubliez pas néanmoins qu'il en existe de multiples couleurs et que l'inflorescence se conserve très longtemps. Utilisée en bouquets plutôt qu'isolée, elle peut être du meilleur effet.

Immortelle de Virginie (*Anaphalis margaritacea*). Plante cotonneuse très facile à cultiver, dont la fleur blanche sèche dans le jardin sur la tige. Cueillez-la avant qu'elle ne commence à donner des graines, car sinon vous aurez du duvet partout. Le cœur vert jaune des fleurs s'harmonise bien avec les autres végétaux et leur blanc pâle n'est pas lassant.

Xeranthemum. Petites fleurs en étoiles blanches ou violettes, elles ont une longue durée de vie et tolèrent très bien la lumière vive. Souvent utilisées en grande quantité car elles sont bon marché, il faut cependant veiller à ce que leur couleur violette n'écrase pas trop la composition.

Lavande

Lavande française (*Lavandula Stoechas*). Variété d'un bleu et d'un parfum si magnifiques qu'on devrait l'utiliser dans toutes les compositions. Soyez vigilant en l'achetant car la qualité varie beaucoup.

Lavande hollandaise. Lavande aux fleurs plus pâles, aux tiges plus uniformes et au parfum plus fort que la précédente.

Limonium (*Limonium suworowii*). Ces épis rose pâle à rose foncé sont plus ou moins longs. Bien qu'ils soient généralement rigides lorsqu'ils sont frais, ils ont tendance à retomber avec le temps. Ils sont plus jolis piqués en petits bouquets qu'isolés, et donnent une texture intéressante à une composition.

Marjolaine (*Origanum majorana*). Plante aromatique très utile. Ses belles teintes violet foncé et vert s'harmonisent avec la plupart des fleurs, notamment les roses, les pivoines, les nigelles et la lavande.

Mintola. Fruits ligneux ressemblant à de petites noix de coco. Souvent vendus montés sur des piques en bois, que l'on peut couper si l'on n'en a pas besoin.

Mousses. Les principales variétés de mousse utilisées dans cet ouvrage sont les sphaignes, les *Tillandsia*, les lichens, *Cladonia rangiferina* et la mousse verte des bois. Bien que l'on puisse toutes les acheter séchées, seule *Tillandsia* peut vraiment être utilisée ainsi. Les autres se manipulent mieux légèrement humides. Il suffit alors de bien laisser sécher la composition une fois celle-ci terminée.

Nigelle

***Nigella damascena* (Nigelle de Damas ou Cheveux de Vénus).** Ce sont les carpophores de cette jolie plante à fleurs que l'on utilise pour les compositions. Violets et verts, ils ont une forme inhabituelle. Ils n'aiment pas la lumière directe et se fanent très vite. Parfaits pour un décor réalisé lors d'une occasion particulière. On peut rehausser ou changer leur couleur avec une peinture en aérosol, en les vaporisant de doré ou d'argenté pour une atmosphère festive, Noël par exemple.

***Nigella orientalis* (Nigelle d'Espagne)** De la même famille que la nigelle de Damas, le carpophore est d'une forme tout à fait différente. Entièrement vert, sa couleur est éphémère mais sa forme étrange compense très aisément ce handicap. La saison est généralement courte, et on n'en trouve donc pas toujours.

Origan (*Origanum vulgare*). Plante aromatique très populaire, ravissante une fois séchée, à la texture très inhabituelle et au parfum merveilleux. Sa couleur dure indéfiniment. C'est d'ailleurs l'une des plantes les plus robustes. Gardez les chutes pour en faire un pot pourri, associées par exemple avec des pétales de rose et de la lavande.

Panicaut (*Eryngium*). N'oubliez pas vos gants pour manipuler ces chardons très piquants mais si jolis avec leurs épis de petites fleurs bleues. Très longue durée de conservation. Leur couleur bleue se fane tardivement, et vire alors au gris vert puis au marron clair. *Eryngium alpinum*, le chardon bleu des Alpes, est une jolie variété aux inflorescences coniques violacées entourées d'une collerette.

Pied-d'alouette des blés, Delphinium (*Delphinium consolida*). Ces fleurs existent dans toute une gamme de couleurs, mais sont plus communément bleues, roses ou blanches. Si leur couleur est passée, cela signifie souvent qu'elles ne sont pas de la première fraîcheur. Si les bouquets sont un peu écrasés, ravivez-les très délicatement à la vapeur. Probablement l'une des fleurs les plus utiles pour toutes les compositions.

Pivoine (*Paeonia*). La saison est très courte, mais recherchez-les : elles sont si belles ! Un peu chères à l'achat, il est assez facile de les faire sécher chez soi, moyennant quelques précautions. Généralement rose foncé, on en trouve aussi des crème rosé. Attention aux mites : elles adorent les pivoines ! Vérifiez bien qu'il n'y a pas d'œufs dans les fleurs avant de les introduire chez vous.

Outre le merveilleux choix de fleurs séchées existant, nous avons également un grand nombre d'autres matériaux à notre disposition. Cette photo en présente quelques-uns. Il est très facile d'en faire sécher certains (grenades, pommes, champignons, piments) chez soi dans un lieu chaud, sec et obscur. Si les grenades mettent plusieurs semaines à sécher, les champignons fins comme du papier sèchent parfois en quelques heures seulement. Voici donc une règle d'or à vérifier au quotidien : lorsque le produit est plus léger qu'à l'origine et dur au toucher, c'est que toute l'humidité s'est évaporée.

Plumosum. Plante épineuse que l'on trouve de plus en plus facilement. Chaque tige porte plusieurs inflorescences au cœur chevelu.

Protéa (*Protea compacta*). Son inflorescence ligneuse, dont il existe différentes tailles, tient très longtemps. Il suffit de l'épousseter légèrement pour qu'elle conserve sa fraîcheur. Un bon sécateur est toutefois nécessaire pour couper les tiges.

Rose miniature (*Rosa paleander*). Ces roses séchées classiques, peu sensibles aux attaques de mites, existent dans toute une gamme de couleurs. Attention aux épines, particulièrement piquantes. Il vaut mieux les manipuler avec des gants. Très jolies associées à des roses plus grosses.

Roses (*Rosa*). Parmi les fleurs séchées les plus chères, mais aussi les plus belles qui soient. Il existe une palette infinie de couleurs. Ajoutez-les en dernier sur votre composition afin de ne pas les casser. N'hésitez pas à passer légèrement à la vapeur la plupart des variétés : elles retrouveront une forme plus souple et gagneront en volume. Elles exhalent alors un merveilleux parfum qui rend l'opération très agréable. Très sujettes aux attaques de mites, il convient de vérifier de temps en temps qu'elles n'abritent pas d'œufs. Si vous en voyez, n'hésitez pas, jetez les roses immédiatement.

Sanfordii. Les petites corymbes de fleurs jaune vif ressortent bien dans une composition. Leur couleur jaune d'or dure très longtemps, mais les inflorescences doivent être soutenues par d'autres matériaux pour que leur poids ne fasse pas plier les tiges, ce qui est très inesthétique.

Silène. Cette petite fleur rose paraît fraîche même lorsqu'elle est sèche. Elle perd quelques pétales lorsqu'on la manipule, mais rien d'inquiétant. Ces fleurs gardent longtemps leur couleur, aussi une petite quantité suffit. Les petites cymes ajoutent de la douceur à une composition. Soutenez-les pour éviter qu'elles ne retombent.

Soleil ou Tournesol (*Helianthus*). C'est seulement récemment que ces grosses fleurs jaunes très connues ont fait leur apparition parmi les végétaux séchés. Bien que les pétales jaunes assez petits aient tendance à se faner, les soleils sont parfaits pour les grandes compositions un peu extravagantes. Il est facile de rallonger les tiges en glissant un tuteur à l'intérieur.

Solidaster. Cet hybride obtenu en croisant aster et solidago donne une fleur jaune pâle dont la couleur dure longtemps. Les bouquets sont assez gros, et chaque tige porte des douzaines de fleurs que l'on peut mettre en tige groupées. Elle est très pratique pour garnir l'essentiel d'une composition si vous souhaitez une dominante jaune.

REMERCIEMENTS

Un projet de cette nature est toujours un travail d'équipe.
Je voudrais remercier ici tous ceux qui ont été impliqués pour leur effort et leur participation.
Je voudrais aussi plus spécialement remercier les personnes suivantes :
Suzy, ma femme, la moins chanceuse qui finit toujours par faire le thé et le café
pour tout le monde et court toujours à droite ou à gauche ;
Michelle Garrett et Dulci pour leurs magnifiques photographies ;
Joanne Ripin, pour sa grande patience ;
Helen Sudell et Joanna Lorenz pour leur temps et leur soutien.
Je dois aussi de sincères remerciements à tous ces amis qui,
venant en renfort, ont souvent donné plus qu'un simple coup de main ;
John et Veronica Sutton ; Ian et Andrea ; John Warner ; Jenny et Tony.
Finalement, un grand merci avec tout mon amour à mes deux fils
Nicholas et William, qui, globalement, m'ont laissé écrire en paix,
et m'ont souvent remplacé dans mes tâches domestiques.